KB237409

월드컵의 위대한 전설들

월드컵의 위대한 전설들

차례
Contents

월드컵의 태동

　　월드컵의 역사는 FIFA(Federation Internationale de Football Association, 국제축구연맹)의 역사와 맥을 같이한다. 국제적인 축구 연합체 결성의 필요에 따라 1904년 5월 21일 프랑스 파리에서 유럽 7개국의 주도로 창설된 FIFA는 1904년 5월 23일 1차 총회를 갖고 로베르 게링을 초대 회장으로 선출, 역사적인 첫 삽을 떴다. 저널리스트 출신의 게링 회장은 부임 이후 세계축구선수권대회, 즉 오늘날의 월드컵을 탄생시키기 위해 노력했으나 쉽지 않았다. 1906년 게링 회장의 바통을 이어 받은 잉글랜드 출신의 다니엘 울폴 FIFA 2대 회장 역시 축구 규칙 표준화 작업에 열중하는 한편, 세계 각국이 참가하는 범지구촌 축구 대회를 개최하기 위해 애썼으나 끝내 뜻을 이루지 못했다. 더군다나 1914년 제1차세계대전 발발로 월드컵에 대한 논의는 점차 수면 아래로 가라앉았다.

하지만 FIFA는 포기하지 않았다. 그리고 마침내 세계 축구사의 흐름을 바꾼 영웅이 출현했다. 바로 월드컵의 창시자 줄리메가 장본인이다. 1920년대 초반 3대 FIFA 회장으로 취임한 프랑스 출신의 위대한 축구 행정가였던 그는 강한 리더십과 저돌적인 추진력을 앞세워 1926년 월드컵 개최를 위한 특별위원회를 구성했다. 그 이듬해에는 4년에 한 번씩 월드컵을 개최한다는 내용의 안건을 마련했고, 1928년 FIFA 총회에 상정해 압도적인 표차로 가결을 이끌어냈다. 20여 년에 걸친 노력이 결실을 맺은 순간이었다.

줄리메의 지휘 아래 FIFA는 1929년 총회를 열어 우루과이를 1회 월드컵 개최지로 정했다. FIFA에 일찌감치 개최 신청서를 제출하는 등 발 빠르게 움직였던 우루과이축구협회는 월드컵 원년인 1930년이 자국의 독립 100주년이며, 우루과이가 1924·1928 올림픽 축구 종목에서 잇달아 금메달을 거머쥔 축구 강국이라는 점을 크게 강조했다. 결국 FIFA는 우루과이의 끈질긴 요청을 받아들였다.

재미있는 것은 당시 우루과이가 FIFA에 약속한 두 가지 조건이다. 우루과이는 전체 참가국의 여비와 호텔 숙박비 일체를 부담하기로 했으며 결승전을 치를 경기장을 수도 몬테비데오에 신축하겠다고 FIFA와 약속했다. 대회를 불과 1년 앞둔 시점에 경기장을 새로 짓는 일은 거의 불가능에 가까웠다. 그러나 놀랍게도 우루과이는 자그마치 9만 명이 넘는 관중을 수용할 수 있는 초대형 경기장을 7개월여 만에 완성해 세계를 놀라게 했다. 뿐만 아니라 기술력 또한 너무도 훌륭해 다시금 세계를 경악케 했다.

월드컵 개막에 필요한 모든 요건들이 순탄하게 갖춰질 즈음 FIFA는 전혀 예상치 못한 악재에 부딪혔다. 네덜란드, 스페인, 이탈리아 등 개최국 선정 과정에서 고배를 마신 유럽 강대국들이 너나없이 불참을 선언했기 때문이다. 어렵사리 준비한 대회가 돌연 공중분해될 위기에 처한 줄리메 회장은 각국 협회에 다각적인 방법으로 대회 출전을 간청한 끝에 유럽 4개국으로부터 OK 사인을 받아냈다.

당시 유럽 국가들이 불참 이유로 내세운 '핑계'들은 우선 선박을 이용하여 이동하는 데에 너무 많은 시간이 소요될 뿐더러, 월드컵이 열리는 동안 자국의 프로 경기를 중단할 수밖에 없다는 점 등이었다. 그러나 실상은 남미에 첫 대회 개최권을 빼앗긴 데 대한 분풀이로 이해하는 게 더욱 적절한 해석이다. 물론 당시 유럽에서 남미까지 배로 이동하는 데 걸리는 시간이 보름 정도였으니, 첫 번째 이유는 어느 정도 일리가 있었다. 어쨌든 이런저런 우여곡절 끝에 1930년 7월 13일, 월드컵은 그 화려한 서막을 열게 됐다.

1930년대 : 아주리군단, 세상을 지배하다

1930우루과이월드컵

지역 예선 없이 초청팀만으로 대회 운영

1930우루과이월드컵은 월드컵 역사상 지역 예선을 치르지 않은 유일한 대회로 기록되어 있다. 아직 전체적인 틀이 갖춰져 있지 않았기 때문이다. 그렇다면 참가팀 자격은 무엇이었을까? 답은 간단하다. FIFA에서 초청한 팀들이다. 면면을 보면 벨기에, 프랑스, 유고슬라비아, 루마니아 등 유럽 4개국과 멕시코, 미국 등 북중미 2개국, 그리고 아르헨티나, 볼리비아, 브라질, 칠레, 파라과이, 페루, 우루과이 등 남미 7개국이 전부이다. 아시아, 아프리카, 오세아니아 대륙 국가들은 초청 대상

명단에서도 제외됐다.

　1930월드컵 개최 도시는 단 한 곳, 우루과이 수도 몬테비데오였고 각 팀이 진검승부를 겨룰 경기장은 센테나리오, 파라크 센트랄, 에스타디오 폴리타스 등 겨우 셋뿐이었다. 13팀이 총 18경기를 치렀고, 모두 70골이 터졌으니 경기당 평균 3.88골이 나온 셈이다. 참가팀 중 볼리비아와 벨기에는 단 한 골도 넣지 못했다. 3·4위 결정전은 없었고 공식 메달도 없었다. 우승팀 우루과이에 프랑스의 유명 조각가 아벨 라플레르가 디자인한 우승컵을 주는 게 시상의 전부라 할 수 있었다.

　월드컵 첫 골의 주인공은 프랑스의 루시앙 로랑. 아르헨티나·칠레·프랑스·멕시코로 편성된 본선 1그룹 첫 경기인 프랑스-멕시코전에서, 그는 전반 19분 역사에 길이 남을 첫 득점을 올렸다. 한편 프랑스-아르헨티나전에서는 브라질 주심이 실수로 경기를 6분 일찍 종료하는 웃지 못할 해프닝이 벌어져 한바탕 소동이 일기도 했다. 처음에는 자신의 실수에도 아랑곳 않고 그냥 경기를 끝내려던 주심이 주변의 항의가 격렬해지자 다시 선수들을 불러 모아 경기를 속개했는데, 이미 샤워장으로 이동해 몸을 씻는 와중에 불려나온 선수들도 더러 있었다는 후문이다.

　참가국들이 전반적으로 사용한 포메이션은 2-3-5시스템. 공격수 5명이 일자 형태로 포진하던 1930년대 후반의 2-3-5 대형과는 달리 인사이드 포워드의 역할이 강조된 게 특성이다. 쉽게 말해 공격수 5명 가운데 인사이드와 포워드 2명은 나머지 3명보다 아래에 위치, 그림자 스트라이커의 임무를 수행했다.

당세 고찰 그리고 역사적 결승 매치

1930월드컵을 이해하려면 당시 세계 축구계의 판세를 알아두는 게 유리하다. 1회 월드컵에서 시드를 배정받은 4팀은 우루과이·브라질·아르헨티나·미국이다. 그중 미국을 제외하면 모두 남미 국가들로, 여기에서 자연스럽게 당세 힘의 구도가 드러난다. 맞다. 남미 축구가 세상을 지배하고 있었던 것이다. 특히 우루과이와 아르헨티나는 그 시절 보무도 당당히 세계 2강을 형성했다. 1920년대 축구판 정세를 되돌아보면 한결 이해가 쉽다.

이렇다 할 세계 대회가 없던 그 시절 지구촌을 대표한 축구 제전은 올림픽이었다. 1920년대에 절정을 누렸던 올림픽의 축구는 당대 최고 권위의 축구 챔피언십으로 인식됐다. 그러니 1924년과 1928년 잇달아 올림픽 축구를 석권한 우루과이는 이견 없이 절대 강자로 인정받았다. 그렇지만 정작 소속 대륙 남미에서는 독주하지 못했으니, 바로 골치 아픈 라이벌 아르헨티나 때문이었다. 1920년대 총 9차례 열린 남미축구선수권대회 '코파아메리카'에서 우루과이와 아르헨티나는 정확히 4차례씩 우승컵을 나눠 가졌다. 이는 두 팀의 전력이 그만큼 비등했다는 방증이다. 일진일퇴를 반복하던 우루과이-아르헨티나 양강 체제는 1920년대를 넘어 초대 월드컵까지 이어졌다.

1930년 7월 30일, 센테나리오 경기장에서 열린 1회 월드컵 대망의 결승전. 이 역사적인 대결의 두 주인공은 다름 아닌 우루과이와 아르헨티나였다. 조별 예선에서 각각 1위로 4강에 진출한 우루과이와 아르헨티나는 흥미롭게도 준결승전에서 마치 약속이라도 한 듯 미국과 유고슬라비아를 6-1로 물리치고 나란히 결승에 진출했다. 전반전은 페우첼레와 스타빌레가 연속골을 터뜨린 아르헨티나가 2-1로 리드하며 종료됐다. 하지만 우루과이는 후반전에서 무서운 응집력을 드러냈다. 체아, 이리아르테, 카스트로 등이 잇따라 골을 뽑아낸 것이다. 결과는 우루과이의 4-2 대역전승. 9만 3천 명의 관중이 운집한 센타나리오 스타디움은 열광의 도가니에 빠져들었고 우루과이 팬들은 더없는 기쁨으로 충만했다. 우루과이 정부는 세계 축구를 제패한 이 날을 국경일로 선포했다.

영웅의 일기

챔피언 우루과이는 가히 '드림팀'이라 부를 만했다. 당대 남미 정상의 스트라이커 페드로 체아, 그라운드의 마법사 스카로네, 외팔이 킬러 카스트로, 천재 수비수 나사지 등 빼어난 플레이어가 차고 넘쳤다. 특히 주목할 선수는 스카로네. 마법사라고 불린 이 선수는 당시 우루과이 포워드 진영의 해결사로 통했다.

역사는 스카로네를 매우 부지런하고 터프한 라이드윙포워드로 정의하고 있다. 마법사라는 별명은 단지 드리블링이 탁월해서 붙은 게 아니다. 오히려 단숨에 경기의 흐름을 반전시키는 능력을 갖춘 데서 기인한 것이 크다고 할 것이다. 쉽게 말해 오늘날의 지단을 연상하면 될 듯하다. 1920년대 우루과이의 올림픽 2연패에 크게 공헌한 스카로네는 1930월드컵에서 마지막 열정을 불사른 후 명예롭게 은퇴했다.

외팔이 킬러 카스트로도 되짚어보지 않을 수 없다. 그는 오른팔이 없었다. 정확한 이유는 전해지지 않는다. 그러나 그의 재능이 특출했다는 사료는 여기저기 남아있다. 슈팅, 패스, 드리블에 고루 능했다. 신체적인 한계에도 불구하고 오로지 실력으로 인정받은 인간 승리의 대명사라는 점에서 카스트로는 후세 축구인들에게 변함없이 칭송받고 있다.

초대 득점왕 길레르모 스타빌레 역시 빼놓을 수 없는 1930 월드컵의 히어로. 아르헨티나 공격수로 월드컵에 출전, 득점왕에 오른 스타빌레는 A매치 데뷔무대에서 해트트릭을 작성한 세계 최초의 선수이다. 스타빌레는 1930년 7월 19일 열린 아르헨티나의 두 번째 월드컵 경기인 멕시코전을 통해 국제경기에 처음 얼굴을 내밀었고, 무려 3골씩이나 터뜨리며 일약 스타덤에 올랐다. 뿐만 아니라 이후 결승까지 매번 골을 작렬시켜 네 경기에서 총 8골을 기록하며 원년 득점왕에 올랐다. 현란한 드리블을 구사하던 선수는 아니지만 몸놀림이 스피디하고 슈팅이 정확했다고 알려진다. 한국 축구문헌에서는 스타빌레가 18세 고등학생 신분으로 1회 월드컵에 출전했다고 전하지만 이는 사실이 아니다. 일단 나이부터가 잘못됐다. 왜냐하면 스타빌레는 1930년 이미 만 24세였기 때문이다. 스타빌레는 1906년생이다. 따라서 아주 늦은 나이에 학업을 시작하지 않은 이상 당시 그가 고교생 신분이었다는 것은 신빙성이 떨어진다. 또 스타빌레가 당시 고교생이었다는 자료는 어디에도 없거니와 실제로는 벌써 프로 7년차 선수였다.

이색적인 대목은 월드컵 첫 해트트릭 주인공에 대한 각 축구기관의 입장이 다르다는 점이다. FIFA를 비롯한 다수 기관은 미국의 페트노드를 월드컵 첫 해트트릭의 주인공으로 보고 있는데, 일부에서는 스타빌레가 월드컵사상 처음으로 해트트릭을 기록했다고 주장한다. 이 문제는 70년 이상의 세월이 흘렀음에도 아직까지 정리가 되지 않고 있다.

1934이탈리아월드컵

남미의 보복

2회 이탈리아 월드컵은 1934년 5월 27일 막을 올려 6월 10일 폐막했다. 이 대회는 1930월드컵에 비해 일단 규모가 훨씬 컸다. 모두 32개 팀이 참가를 신청해 지역 예선을 치러 16개 팀이 본선에 진출했다. 당시에는 주최국도 예선에서 살아남아야 비로소 본선 진출권을 획득할 수 있었다. 특이한 점은 남미 국가 상당수가 지역 예선에 불참했고 본선에 참가한 아르헨티나나 브라질은 상대적으로 질 낮은 선수들로 국가대표팀을 꾸렸다는 것이다. 이는 남미에서 열린 1회 월드컵에 유럽 국가들이 다수 불참한 데 대한 일종의 보복성 조치였다. 원년 우승 팀인 우루과이는 아예 지역 예선에도 참가하지 않아 개최국인 이탈리아를 당황하게 하기도 했다. 결국 1934월드컵도 1930 월드컵에 이어 '반쪽짜리' 월드컵으로 역사에 남을 수밖에 없었다. 독재자 무솔리니가 통치하던 이탈리아로 개최권이 넘어가자 축구를 정치적으로 이용한다는 비판도 끊이지 않았던 게 사실이다. 하지만 월드컵 개최에 대한 무솔리니의 의지는 강했다. 아무튼 1934월드컵은 전 대회 우승팀이 출전하지 않은 유일한 대회로 역사에 기록돼 있다.

모두 17경기가 치러진 이 대회에서는 총 70골이 터져 경기당 4.12골로 1회 월드컵 기록을 상회했다. 평균 관중은 2만 3,235명으로 원년 월드컵에 비해 다소 낮아진 수치를 기록했다. 경기 방식에 변화가 있었는데, 13개 팀이 4그룹으로 나뉘어 각 그룹 1위가 4강 토너먼트에 오른 1회 대회와 달리 이 대회에서는 1라운드부터 2팀이 짝을 이뤄 단판 승부로 차기 라운드 진출 팀을 가리는 녹아웃 제도가 도입됐다. 따라서 단한 경기만 치르고 귀국길에 오른 선수들도 상당수 있었다. 지역 예선에서 그리스를 꺾고 본선에 진출한 개최국 이탈리아는 본선 첫 경기에서 미국을 7-1로 대파한 데 이어 2라운드에서 스페인과 1-1로 비긴 후 다시 재경기를 치러 1-0으로 승리해 4강에 진출했다. 이탈리아는 이후 준결승에서 오스트리아를 1-0으로 제압, 결승에 올라 무솔리니를 기쁘게 했다. 한편 단순히 인사치레용으로 본선에 약체를 파견한 브라질과 아르헨티나는 1라운드에서 각각 스페인과 스웨덴에 가볍게 무릎 꿇었다. 그러나 억울할 것은 전혀 없었다. 애당초 이들 두 팀은 우승이 목표가 아니었기 때문이다.

극적인 역전 우승

이탈리아와 결승에서 격돌한 강호는 체코슬로바키아. 지역 예선에서 폴란드를 무찌르고 본선에 오른 체코슬로바키아는 1라운드부터 준결승까지 루마니아, 스위스, 독일을 차례로 꺾고 1934년 6월 10일 개최국 이탈리아와 세계 최고 자리를 놓고 다퉜다. 경기는 말 그대로 박진감이 넘쳐흘렀다. 기선은 체코슬로바키아가 잡았다. 체코슬로바키아는 경기 종료 20분을 남기고 왼쪽 날개 공격수인 푸치가 짜릿한 선제골을 넣어 흐름을 장악했다. 반면 이탈리아는 경기 종료 10분을 남겨 둔 상황까지도 0-1로 끌려가 패색이 짙었다. 하지만 이탈리아에는 오르시가 있었다. 오르시는 경기 종료 8분을 남기고 극적 동점골을 터뜨려 승부를 연장으로 넘겼다. 연장전의 영웅은 단연 이탈리아의 스키아비오. 연장 전반 5분 스키아비오는 당대 이탈리아 최고 공격수 메아자에게서 볼을 넘겨받아 그대로 체코슬로바키아의 골망을 갈랐다. 남은 15분 동안 체코슬로바키아의 파상공세를 효과적으로 방어한 이탈리아는 감격스럽게도 2회 대회 챔피언이 됐다. 체코슬로바키아의 가공할 스트라이커 올드리치 네예들리는 5골로 득점왕에 능히 했으나 팀이 준우승에 머물러 다소 빛이 바랬다.

사실 이탈리아의 우승에는 숨겨진 일화가 하나 있다. 이탈리아는 브라질과 아르헨티나가 비록 1진을 파견하진 않았지만, 남미의 양대산맥으로 명성이 자자했던 그들의 전력을 상당히 두려워했다. 그래서 이탈리아는 '잔꾀'를 부렸다. 아르헨티나와 브라질의 본선 첫 경기 장소를 아주 먼 곳에 배정, 자그마치 1만 3,000km나 이동하도록 만든 것이다. 결과는 뻔한 것 아닌가. 아르헨티나 브라질 선수들은 기량을 다 펼쳐 보이기도 전에 벌써 녹초가 돼버렸다.

위대한 전설

1934월드컵에도 수많은 별들이 등장했다. 가장 먼저 소개해야 마땅한 선수는 이탈리아의 영원한 스타 주세페 메아자. 우아하고 지능적인 플레이로 당시 이탈리아인들의 큰 사랑을 받은 메아자는 마술 같은 드리블 솜씨와 화려한 페인트 모션으로 이름을 날렸다. 국가 대항전에 모두 53회 출전해 33골을 성공시켰고, 이탈리아 프로리그 세리에A에서는 총 439경기에 출장해 264골을 넣었다. 메아자는 연장전으로도 승부를 가리지 못해 재경기를 치른 2라운드 스페인전에서 결승골을 어시스트해 조국 이탈리아의 우승에 크게 일조했다. 인터밀란과 AC밀란에서 선수 시절을 보낸 메아자는 모두가 인정하는 밀라노의 영웅인 동시에 '아주리' 이탈리아의 전설이다. 1979년 밀라노 의회는 AC밀란과 인터밀란이 홈구장으로 함께 사용하는 '스타디오 산 시로'의 이름을 '스타디오 주세페 메아자'로

전격 변경키로 했다. 메아자의 영웅적인 활약을 길이 기리자
는 게 바로 그 취지였으니 메아자가 얼마나 위대한 선수였는
지는 어렵지 않게 짐작할 수 있다.

다음은 1934월드컵을 논할 때 빠트릴 수 없는 이탈리아 골
키퍼 지암피에로 콤비. 그는 철저한 분석과 체계적인 훈련을
통해 상대를 미리 읽고 경기에 임한 것으로 유명하다. 별명은
고무인간. 직접 눈으로 확인하지 않고는 믿기 힘들 정도의 동
물적인 몸놀림을 보인다고 해서 붙여진 것이니, 골키퍼로서의
능력이 그만큼 탁월했다는 방증이다. 지암피에로 콤비는 1980
년대 아주리 최고 골키퍼로 명성을 날린 디노 조프와 더불어
이탈리아 축구사에 영원히 남을 골문의 절대강자로 꼽힌다.

1934월드컵에서 이탈리아를 이끈 명장 비토리오 포조 역시
레전드의 이름으로 함께 묶어도 무방하다. 최초의 이탈리아
국가대표팀 감독으로 기억되는 포조는 19년 동안 아주리를 이
끌며 63승17무15패라는 전설적 기록을 남겼다. 감독으로서
월드컵 2연패를 이룬 유일한 인물이기도 하다. 포조는 1934월
드컵에 이어 1938월드컵에서도 이탈리아를 세계 정상에 올려
놓았다.

1938프랑스월드컵

혼탁한 세상 분위기

1938월드컵이 열릴 즈음 세계에는 전운이 짙게 감돌았다.

국가 간 외교는 종적을 감추었다. 스페인은 내전으로 몸살을 앓았고 독일은 오스트리아를 강제 합병하는 등 혼란이 극에 달했다. 실제로 1938월드컵이 폐막하고 채 15개월도 되지 않은 1939년 9월 1일에 제2차세계대전이 발발했다. 전체 월드컵사에서 볼 때 이 시기가 특별한 의미를 갖는 것은 축구를 매개로 해 평화가 주창된 까닭이다. 1938프랑스월드컵 이후 10여 년 동안 전쟁으로 멈춰 버린 월드컵은 1950년에 다다라서야 다시금 부활했다.

1938월드컵은 주최국과 전 대회 우승팀에 자동 본선 진출권의 특혜가 주어진 첫 대회로 기록된다. 모두 35개 팀이 지역 예선을 치렀고 본선에는 15개 팀이 참가했다. 대륙별로 보면 유럽 12개 팀, 북중미 1개 팀, 남미 1개 팀, 아시아 1개 팀이 출전했다. 개최권을 두고 프랑스와 갈등한 아르헨티나는 결국 불참했고, 아르헨티나의 기권으로 남미에서는 결국 브라질만 참가했다. 칠레, 우루과이 등 남미 국가들은 지역 예선에도 불참했다.

아마추어 야구의 강국 쿠바가 북중미를 대표하여 사상 처음 월드컵에 진출한 점도 이색적이다. 물론 쿠바의 월드컵 출전은 실력과는 무관했다. 왜냐하면 당시 미국, 코스타리카, 멕시코 등 북중미의 강자들이 모두 기권한 덕분에 쿠바가 어부지리로 월드컵 출전권을 얻었기 때문이다.

아시아 국가가 처음으로 본선에 진출한 것도 눈여겨 볼 대목이다. 그 주인공은 바로 네덜란드령 동인도제도, 즉 지금의

인도네시아다. 이 팀 역시 일본의 기권을 등에 업으며 '손 안 대고 코 푼' 격으로 본선 티켓을 따냈다. 물론 어찌어찌 운 좋게 월드컵에 출전하긴 했지만 결과가 좋을 리 없다. 실력이 낮았던 탓이다. 동인도제도는 1패 6실점으로 꼴찌로 대회를 마감했다.

한편 나라 잃은 오스트리아의 간판선수 상당수는 독일 대표팀 유니폼을 입은 채 뛰었다. 그러나 독일은 10위에 그쳤다. 난타전을 벌인 브라질과 폴란드의 16강전은 이 대회 최고의 명승부로 꼽힌다. 브라질이 6-5로 간신히 이겼다. 전 대회 우승팀 이탈리아와 동유럽 강호 헝가리가 맞붙은 결승에서는 이탈리아가 4-2로 이겨 월드컵 최초의 2연패 위업을 세웠다. 개최국 프랑스는 8강전에서 이탈리아에 1-3으로 힘없이 패하며, 체면을 구겼다.

메아자의 반바지 해프닝

1938월드컵은 공격축구가 절정을 그렸다. 포메이션 자체가 그랬다. 이른바 공세적인 2-3-5시스템이 주류였는데, 전방 공격수 5명이 일(一)자로 포진하던 무한 공격 스타일이다. 한 골 먹으면 두 골을, 두 골 먹으면 세 골을 넣는다는 게 당대의 공통된 전략이었다고 해도 과언이 아니다. 이는 전쟁과 연관이 깊은 당시의 혼탁한 시대상을 반영하는 것이기도 하다.

이 대회에서는 골도 많이 터졌다. 결론부터 말하면 18경기 도합 84골이 쏟아졌다. 1경기 평균 4.67골에 해당하는 괄목힐

수치. 3·4위 결정전과 결승전 두 경기에서만 자그마치 12골이 터졌을 정도로 화력 대결의 극치를 선보였다. 한 경기 최다 골은 폴란드 스트라이커 빌리모프스키가 16강전에서 브라질을 상대로 터트린 4골. 월드컵 초유의 대기록이기도 하다. 단 한 경기만 치르고 탈락한 동인도제도, 네덜란드, 벨기에, 폴란드, 노르웨이 중 네덜란드와 동인도제도는 한 골도 얻지 못했다.

대회 최연소 참가자는 네덜란드의 데 하르데르. 개막 당시 이 선수의 나이는 정확히 18세 42일이었다. 최고령 선수 역시 네덜란드인이었다. 이름은 안데르손으로 개막 당시 34세 190일이었다고 한다.

이탈리아와 브라질의 4강전에서는 희한한 해프닝이 벌어져 사람들을 웃게 만들었다. 1-0으로 리드하던 이탈리아가 후반 15분경 PK(페널티 킥)를 얻었고 메아자가 당당하게 키커로 나섰는데, 그 순간에 어이없게도 반바지 고무줄이 끊어져 옷이 엉덩이까지 흘러내리는 코믹한 상황이 연출된 것. 뜻밖의 광경에 관중석 여기저기에서 웃음소리가 터져 나왔다. 하지만 메아자는 당황하지 않고 왼손으로 바지춤을 움켜쥐고 오른손으로 공을 세팅한 다음 소란스러운 틈을 타 재빨리 슈팅을 시도해 골을 성공시켰다. 상상할수록 재미난 일이다.

영웅 열전

레오니다스 다 실바. 브라질 축구계에서는 '센터포워드의 아버지'로 불리는 인물이다. 1913년생으로 대표적 별명은 '검은 다이아몬드'. 득점 감각, 드리블 능력, 센스, 활동 반경, 위치 선정 능력 등 훌륭한 센터포워드의 요건을 두루 갖췄던 것으로 전해진다. 특히 바이시클 킥의 대가로 유명했고, 바스코 다 가마, 플라멩고, 보타포고, 상파울로 등의 브라질 클럽들이 명문의 입지를 다지는 데 일조했다. 레오니다스 다 실바는 1938월드컵 득점왕으로 총 8골을 넣었다. 만약 이탈리아와의 준결승에 진출했더라면 족히 10골 이상도 가능했을 것이라는 게 당세의 중론이다. 당시 아데마르 피멘타 브라질 감독은 '결승 올인' 전략의 일환으로 팀 중추로 활약하던 레오니다스를 결승에 대비, 아껴뒀다. 준결승 상대 이탈리아 전력을 얕본 것이다. 하지만 브라질은 이탈리아에 1-2로 패해 최종 3위에 머물렀고 레오니다스를 결승에 투입하려던 피멘타 감독의 계획은 물거품이 됐다.

레오니다스가 특히 높은 평가를 받은 이유는 모든 경기에서 골을 터뜨렸기 때문이다. 레오니다스는 16강 폴란드전 해트트릭을 비롯해 8강전 2경기와 3·4위 결정전에서 발군의 골 결정력을 드러내며 잇따라 골을 터뜨렸다. 1950년 선수 생활을 마감한 이후 상파울로 감독, 라디오 해설가 등으로 활동한 레오니다스는 노년에는 가구 사업가로 변신해 관심을 모으기도 했다.

우승팀 이탈리아 선수 중에는 콜라우시와 피올라가 돋보였다. 둘은 우승 때까지 이탈리아가 기록한 11골 중 무려 9골을 합작했다. 헝가리와의 결승전에서 나온 이탈리아의 4골도 모두 두 선수의 합작품이다. 1935년 21살의 나이로 이탈리아 국가대표팀에 데뷔한 콜라우시의 대표 경력은 짧지만 굵었다. 콜라우시는 1940년까지 4년 6개월 동안 A매치 26경기에 출장해 15골을 기록했고 그 사이 1938월드컵에서는 4골을 넣었다. 볼터치가 탁월하고 스피드가 유난히 출중했던 선수로 알려져 있다. 또 측면 장악력이 월등했던 데 더해 중앙 침투력과 슈팅 솜씨 또한 예사롭지 않았던 것으로 전해진다. 그런데 데이터로 따져 보면 콜라우시보다 피올라가 더 빼어났다. 피올라는 A매치 34경기에서 30골을 성공시켜 1경기 평균 0.88골의 위대한 업적을 남겼다. 그래서 이탈리아 역사상 가장 뛰어난 공격수 가운데 한 명으로 여전히 높이 평가된다.

전쟁 때문에 일찍 국가대표 생활을 마무리한 콜라우시와 달리 피올라는 장수했다. 종전 후 국가대표팀에 복귀해 1952년 5월까지 선수로 활약한 피올라는 38세 231일에 비로소 은퇴했다. 피올라가 국가대표선수로 17년 동안이나 활동할 수 있었던 것은 자기 관리에 워낙 철저했기 때문이라고 평가한다. 1938월드컵에서 피올라는 팀 내 가장 많은 5골을 기록했다.

1950년대: '베른의 기적' 그리고 축구왕국 브라질의 비상

1950브라질월드컵

불참 선언 속출

FIFA는 1946년 7월 20일 종전 이후 처음으로 룩셈부르크에서 총회를 개최해 1950월드컵 개최지로 축구 왕국 브라질을 선정했다. 또 이날 총회에서는 참가자들이 줄리메 회장의 큰 공로에 경의를 표하며 월드컵 트로피의 이름을 '줄리메컵'으로 새로이 명명하기로 결정했다. 1950월드컵 개최지로 선정된 브라질은 성공 개최를 기원하며 리오 데 자네이로 외곽에 22만 명을 수용할 수 있는 대규모 축구장을 건설하기로 하고

1948년 8월 2일 공사에 돌입했다. 그러나 브라질 축구계의 야심찬 의욕과 달리 공사가 차질을 빚어 FIFA 관계자들을 긴장케 했다. 이에 놀란 FIFA는 급기야 1934월드컵에 다각도로 관여한 오토리노 브라시 이탈리아축구협회장을 브라질로 파견해 경기장 건설을 돕도록 했고, 그 결과 마라카나 스타디움은 마무리 공사가 한창이던 1950년 6월 24일 부랴부랴 완공식을 가질 수 있었다. FIFA가 브라질에 개최권을 내준 것은 일면 자연스러운 결과였다. 왜냐하면 제2차세계대전의 격전장이 된 유럽은 폐허로 돌변하여, 월드컵과 같은 세계적인 대회를 개최할 만한 여력이 없었기 때문이다.

전쟁 후유증 때문에 1950월드컵의 개최 과정은 결코 순탄치 않았다. 지역 예선에서는 34개 국가가 출전을 신청했으나 나중에는 이런저런 이유를 들어 14개 팀이 포기를 선언한 것이다. 전쟁을 일으킨 독일은 출전이 금지됐고 헝가리, 불가리아, 체코슬로바키아 등 동구권 팀들은 국가 재건을 이유로 불참 의사를 밝혔다. 브라질과 개최권 쟁탈을 벌이던 아르헨티나마저도 불참을 선언, FIFA 임원들을 곤란케 했다.

뒤늦게 포기 의사를 밝힌 인도와 스코틀랜드가 내세운 이유는 그야말로 황당했다. 인도는 자국 선수들이 축구화 없이 맨발로 경기에 뛰게 해 줄 것을 FIFA에 요청했는데, 이에 FIFA측이 월드컵 규정을 들며 난색을 표하자 바로 불참하겠다는 뜻을 비쳤다. 스코틀랜드는 잉글랜드의 출전을 문제 삼으며 같은 영연방에서 두 팀이 월드컵에 출전하는 것은 있을 수 없는 일이라는 논리로 본선 티켓을 던져 버렸다. 참가국들의 뜻하지 않은 '반란'으로 코너로 몰린 FIFA는 출전팀 숫자를 메우기 위해 프랑스, 포르투갈을 초청했으나 이마저 결렬돼 결국 13개 팀으로 대회를 치를 수밖에 없었다.

갑작스런 일련의 사태에 본선리그 조 편성을 수정하지 못한 FIFA는 하는 수 없이 종전 이미 짜 놓은 방식으로 대회를 진행했는데, 이 때문에 4그룹의 우루과이는 단 한 경기에서 승리했음에도 불구하고 결승 리그에 진출하는 황당한 행운을 누렸다. 그나마 한동안 FIFA 회원국에서 탈퇴해 있던 축구 종가 잉글랜드가 1946년 총회를 통해 FIFA 복귀를 결정하고 1950월드컵에 사상 처음 출전한 것은 의미 있었다. 또 남미의 강호이자 원년 월드컵 우승팀 우루과이가 간만에 다시금 모습을 드러낸 것도 FIFA에 힘을 실어준 계기가 됐다.

죽음을 부른 패배

각 그룹 1위 4개 팀(브라질·스페인·스웨덴·우루과이)이 서로한 차례씩 격돌하는 리그전을 통해 우승팀을 선정한 이 대회에서는 사실상 결승전은 따로 없었다. 4팀 중 가장 많은 승점을 취한 팀이 우승하는 방식이었기 때문이다. 결승 리그 결과원년 우승팀 우루과이가 2승1무로 2승1패를 거둔 개최국 브라질을 누르고 또 한 번 월드컵 정상에 등극했다.

1950년 7월 16일 마라카나 스타디움에서 열린 우루과이전에서 브라질은 최소 비기기만 해도 줄리메컵을 손에 넣을 수 있었으나 1-2로 석패하여 준우승에 머물렀다. 월드컵사상 최다관중인 17만 4,000명이 입장한(비공식 집계로는 20만 명 초과) 이날 경기에서 브라질은 후반 시작과 동시에 선제골을 터뜨렸으나 이상하게도 특유의 강인함을 보여주지는 못했다. 반면 원정팀 우루과이는 수많은 브라질 팬들 앞에서도 자신감 있는 플레이로 흐름을 장악한 채 경기를 풀어나갔다. 우루과이는 경기 종료 11분을 남기고 터진 기지아의 결승골에 힘입어 브라질을 2-1로 제압하고 두 번째 월드컵 우승을 달성했다. 다 잡은 우승컵을 우루과이에 빼앗긴 브라질은 나라 전체가 비통함에 잠겼다. 이날 삼바군단의 패배가 브라질 국민들에게 얼마나 큰 상심을 안겼는지, 경기장에서 두 명의 브라질 팬이 자살했고 두 명은 심장마비로 끝내 사망했다. 이것이 끝이 아니다. 텔레비전으로 경기를 지켜보던 브라질 국민 50여 명이 자살 혹은 심장마비로 운명을 마감했던 것이다. 대회 폐막 후 시상식에 참여한 브라질 임원들도 넋이 나가 우루과이 선수들에게 트로피를 주는 일을 잊어 줄리메 FIFA 회장이 연단에서 내려와 직접 우루과이 주장을 찾아 헤매는 해프닝까지 벌어졌다.

종가의 비참한 결말

총 22경기가 치러진 이 대회에서는 88골이 터졌다. 1경기 평균으로 환산하면 정확히 4골. 평균 관중은 이전 대회와 비교할 수 없을 만큼 많았다. 경기당 6만 773명을 기록, 브라질 국민들의 축구에 대한 열기를 짐작케 했다. 대회 득점왕은 브라질 스트라이커 아데미르로 모두 9골을 작렬했다.

한편 월드컵 첫 출전으로 세간의 관심을 집중시킨 잉글랜드의 결말은 비참하기 그지없었다. 첫 경기에서 칠레를 2-0으로 꺾고 기분 좋게 출발한 잉글랜드였으나 미국과 스페인에게는 각각 0-1로 패하며 일찌감치 짐을 쌌다. 특히 미국과의 2차전 결과는 세계를 충격으로 빠뜨리기 충분했다. 오죽했으면 오보가 난무했을까. 잉글랜드를 1-0으로 누른 미국 국민들조차 결과가 잘못 전달된 것으로 받아들였을 정도니 말 다 했다. 언론들의 오보로 잉글랜드 팬들은 처음에는 잉글랜드가 미국을 10-0으로 대파한 줄 알았는데, 이후 정확한 사실을 전해 듣고 다들 하나같이 경악에 몸서리쳤다고 한다.

빛바랜 득점왕 아데미르는 비록 팀에 줄리메컵을 안기진 못했으나 이 대회를 통해 제 이름을 확실히 각인시켰다. 1950 월드컵 1호 골의 주인공이기도 한 아데미르는 결승 리그 1차전 스웨덴과의 경기에서는 무려 4골을 몰아치며 한 경기 최다 득점의 영예를 누리기도 했다.

브라질 국민들을 무너뜨린 우루과이의 기지아를 언급하지 않을 수 없다. 당시 유명 선수 축에 끼지도 못했던 기지아는 브라질을 침몰시킨 골을 넣은 이후 우루과이의 새로운 영웅으로 떠오르며 성공 신화를 써내려간 인물이다. 1950월드컵의 활약을 밑천 삼아 1953년 이탈리아 프로 1부 리그 세리에A에 진출해 AS로마의 유니폼까지 입게 됐으니 무명으로 줄발한 이력 치고는 꽤 성공한 셈이다.

1954 스위스 월드컵

새로운 시작

이 대회는 월드컵 역사상 처음으로 모든 선수가 등번호를
부착하고 출전한 게 특징적이다. FIFA가 1954월드컵 개최지로
스위스를 선정한 것은 1946년 룩셈부르크에서 열린 총회를 통
해서다. 당초 이 총회는 1950월드컵 개최지 선정을 논의하기
위해 개최됐는데, 이 자리서 FIFA 집행위원들은 1954월드컵
개최국까지 미리 정해뒀다. FIFA 창립 50주년이 바로 1954년
이며 FIFA 본부가 스위스 취리히에 자리하고 있다는 점이 크
게 반영된 결과라고 할 수 있다. 게다가 영세중립국인 스위스
는 제2차세계대전으로 인한 피해가 크지 않아 개최 여건이 양
호하다는 점이 FIFA의 개최지 선정에 긍정적인 영향을 미쳤다.
1954월드컵 지역 예선에는 역대 최다인 38개국이 참가했
다. 세계대전의 주범 독일과 일본이 오랜만에 월드컵에 나선
것은 시대적으로 전쟁의 상처가 어느 정도 아물었다는 점을
여실히 보여준다. 동·서독으로 갈린 독일은 1950월드컵 당시
FIFA의 출전 제재 조치 탓에 지역 예선에 참가 신청서조차 내
지 못한 전례가 있다. 비록 한국에 밀려 본선행은 좌절됐지만
일본 또한 패전의 상처를 딛고 사상 최초로 지역 예선에 출전
했다. 1950월드컵에서 지역 예선을 통과하고도 잉글랜드와 동

반 출전하는 게 싫다며 본선 티켓을 반납한 스코틀랜드, 전쟁의 아픔을 딛고 일어선 한국, 지역 예선에서 무적함대 스페인을 따돌린 터키 등도 본선 무대에 처음 등장한 팀이다. 그러나 지역 예선에 출전한 38개국 가운데 비유럽 국가는 단 10개 팀에 그쳐 여전히 '월드컵은 유럽의 잔치'라는 오명은 벗어던지지 못했다. 1950월드컵 유치 대결에서 브라질에 패하며 FIFA에 등을 돌린 아르헨티나는 1954월드컵에도 불참했다. 공산화 정착에 여념이 없던 소련과 폴란드도 대회 참가를 포기했다. 아프리카는 독립국 이집트를 제외한 대부분의 국가가 서구 열강의 식민지로 전락한 탓에 지역 예선에 출전할 꿈도 꾸지 못했다. 실로 아쉬운 일이다. 본선 무대에 16개 팀이 참가해 자웅을 겨루던 시스템은 1954월드컵부터 1978월드컵까지 이어졌다. 1982월드컵을 기점으로는 본선 참가팀이 16개 팀에서 24개 팀으로 대폭 늘어났다.

대한한국의 첫 도전

1954년 아시아축구연맹 창립을 축으로 아시아도 세계무대에 본격적으로 나서기 시작했다. 1954월드컵 지역 예선에는 한국, 중국, 일본 등 동아시아 3국이 참가 신청서를 제출했는데, 뒷날 중국이 돌연 기권하며 아시아 지역 예선은 한국과 일본의 2파전 양상으로 전개됐다.

하지만 그 과정은 순조롭지 않았다. 일제강점기 시절 일본의 만행에 치를 떤 이승만 대통령이 "일본인늘이 한국 땅을 다시 밟는 것을 허락할 수 없다."며 한국에서의 지역 예선전을 거부, 두 경기 모두 일본에서 치러야 했던 것이다. 이에 한국선수단은 대표팀 고위관계자가 '일본에 패할 경우 현해탄에 몸을 던지겠다'는 내용의 각서를 쓰고 나서야 일본 원정길에 올랐다. 비장미 넘치는 각오로 일본 열도에 상륙한 한국은 1차전에서 5-1로 일본을 대파한 데 이어 2차전에서는 2-2무승부를 기록, 종합전적 1승1무로 사상 첫 월드컵 본선 티켓을 따내는 데 성공했다.

그러나 예선의 감동이 본선까지 연결되지는 못했다. 강창기, 민병대, 홍덕영, 최정민 등 1954년 아시안게임 우승 멤버로 월드컵대표팀을 결성한 한국은 여독이 채 풀리지 않은 상황에서 경기를 치러 헝가리에 0-9, 터키에 0-7로 참패하며 세계무대의 높은 벽을 실감했다. 득점 없이 2패, 16실점으로 대회를 마감한 한국은 본선 참가국 16팀 중 꼴찌를 기록했다.

당시 출전자들의 증언에 따르면 외국 군용비행기를 얻어 타고 출국한 한국대표팀은 첫 경기 시작 이틀 전에 현지에 도착, 시차 적응조차 제대로 안 된 상태에서 경기에 출전해야 했다. 또 세계정세에 어두워 상대 전력의 분석은커녕 헝가리 터키가 어떤 팀인지조차도 제대로 알지 못한 채 싸웠다고 한다. 당시 숙소를 구하는 일에도 적잖이 애를 먹은 한국선수단은 대회 종료 후 본선 출전 배당금도 받지 않고 귀국했다. 첫 경험이 빚은 미숙한 행정 때문이었다.

베른의 기적

FIFA는 1954월드컵 본선 진출 16개 팀 중 강호 8개 팀을 선정, 시드를 배정하는 방식을 도입했다. 이른바 '죽음의 조' 편성을 막기 위한 조치였다. 당시 시드 배정 팀은 오스트리아, 우루과이, 헝가리, 브라질, 잉글랜드, 이탈리아, 프랑스, 터키 등이다. FIFA는 또 각 그룹 1위 4개 팀이 리그제로 우승팀을 가리던 종전 방식을 폐지하고 조별로 2개 팀이 결선에 진출, 토너먼트 형태로 최종 승자를 가리는 시스템을 도입했다.

당시 우승 후보 1순위는 단연 헝가리였다. 일명 '마법의 팀'으로 불린 헝가리는 콕시스, 푸스카스 등 세계적인 공격수를 보유하고 있을 뿐 아니라 전술적으로도 선진화돼 있던 무적의 강자였다. 전략 및 전술의 귀재 세베스 감독이 지휘한 1952년 헬싱키 올림픽 우승팀 헝가리는 1954월드컵 개막 직전까지 A매치 28연속 무패가도를 달렸을 정도로 막강했다. 당시 헝가리 전력이 얼마만큼 강했나 하면, 역사속의 전설 디디가 이끄는 브라질조차 헝가리 앞에서는 기를 쓰지 못할 정도였다. 기록으로 설명하면 이해하기 한결 편할 것이다. 서독은 본선 조별 리그에서 헝가리에 3-8로 패했고, 브라질은 8강전에서 2-4로 완패했다. 준결승에서 우루과이마저 4-2로 누른 헝가리는 그야말로 가볍게 결승전에 진출했다.

여기서 주목할 점은 또 다른 결승 진출팀이다. 주인공은 서독. 당시 서독은 약체 중 하나로 꼽힐 만큼 두드러지지 않은 팀이었다. 그런데 잉글랜드, 브라질 등 강팀을 용케도 피해가는 기막힌 대진 운에 힘입어 어영부영 결승까지 진출, 세계를 놀라게 했다. 더욱 황당한 일은 결승전 결과. 이미 조별 리그에서 한 차례 대결한(헝가리가 8-3으로 승리) 적이 있는 헝가리와 서독의 결승전은 당대 축구인들 모두가 헝가리의 일방적인 승리를 점쳤다. 그런데 이변이 일어났다. 0-2로 끌려가던 서독이 모두의 전망을 뒤엎고 믿기지 않는 대역전 드라마를 펼친 끝에 3-2로 승리한 것이다. 이 경기가 그 이름도 유명한 '베른의 기적'이다. 말 그대로 기적이었다. 실제로 이 일은 우루과이의 1950월드컵 우승, 덴마크의 유로1992 우승과 더불어 세계 축구사 3대 기적 가운데 하나로 꼽힌다.

총 26경기가 벌어진 1954월드컵에서는 자그마치 140골이 터져 1경기 평균 5.38골이라는 경이적 수치가 나왔다. 이는 역대 최고 기록으로 아직도 경신되지 않고 있다. 물론 앞으로도 깨지기 힘든 기록이다. 대회 득점왕은 혼자 11골을 터뜨린 헝가리의 산도르 콕시스가 차지했다. 역사상 최초로 TV를 통해 전 세계에 생중계된 1954월드컵은 다양한 기록과 의미, 그리고 볼거리를 제공한 대회로 남아있다.

1958스웨덴월드컵

삼바군단의 화려한 비상

1958스웨덴월드컵은 여느 대회 못지않게 넉넉한 화젯거리로 지구촌 축구팬들의 눈과 귀를 사로잡았다. 특히 본격적으로 TV시대가 열리며 한결 선명해진 화질로 세계 최대 축구 제전을 만끽하는 것이 가능해졌다. 세기의 별들이 우후죽순처럼 대거 출현한 일도 인상적. '축구 황제' 펠레, '드리블의 달인' 가린샤, '흑거미' L. 야신, '골 제조기' J. 퐁텐느 등 시대를 풍미한 슈퍼스타들이 일거에 명함을 내밀었다. 그야말로 풍성한 잔치였다.

또 하나, '축구의 나라' 브라질이 드디어 웅비하기 시작했다. 우선 대륙별 지역 예선에는 역대 가장 많은 55개국이 참가했다. 1938월드컵 유치에 실패한 후 FIFA와 반목하며 1954월드컵까지 내리 3연속 불참한 아르헨티나도 다시 모습을 드러냈고, 구소련은 사상 처음 출사표를 던졌다. 한국은 이 대회에 불참했는데, 그 이유가 황당하다. FIFA에서 보내온 대회 출전 신청서를 축구협회 직원이 서랍 속에 넣어두고 마감 날짜가 다 지나도록 잊고 있던 것이다. 실로 어이없는 해프닝이 아닐 수 없다.

한편 지역 예선에서는 이변이 속출했다. 1934·1938월드컵 챔피언 '아주리' 이탈리아가 특출한 미드필더 블란치 플라워를 앞세운 북아일랜드에 덜미를 잡혔고, 1930·1950월드컵 챔피언이었던 우루과이는 파라과이에 일격을 맞아 뜻밖에 본선 진출이 좌절됐다. 이뿐 아니다. 벨기에, 네덜란드, 포르투갈, 스페인 등 당시 내로라하던 유럽 강호들도 무더기로 예선 탈락했다.

본선은 1954월드컵과 동일하게 4개 팀씩 4개조로 나뉘어 치러졌는데, 방식이 다소 수정됐다. 종전과 달리 풀리그 형태로 진행된 것이다. 16강 성적에 따라 각조 2개 팀씩 8강 토너먼트에 진출했는데, 지금과 다른 점이라면 2·3위 팀이 동률 승점일 경우 단판 플레이오프를 치렀다는 것. 다시 말해 골득실은 무시된 셈이다. 각각 조 3위에 머무른 북아일랜드, 웨일스, 구소련 등이 8강 라운드에 오를 수 있었던 것도 바로 이 같은 이유 때문. 득점왕 퐁텐느 덕에 승승장구하던 프랑스는 그러나 4강전에서 펠레의 브라질에 2-5로 무릎을 꿇었고, 전 대회 우승팀 서독 역시 준결승전에서 개최국 스웨덴에 1-3으로 패퇴했다. 하지만 스웨덴은 브라질의 적수가 되지 못했다. 결승에서 브라질은 스웨덴을 5-2로 대파하고 5전6기 끝에 결국 줄리메컵을 차지했다. 월드컵 결승전에서 7골 이상 터지기는 이때가 처음이자 마지막이다.

전체적으로 살피면 35경기에서 126골이 터졌다. 경기당 3.6골로 비교적 다득점이기는 하지만 1954월드컵의 5.38골에는 못 미친다. 스코틀랜드의 바비 콜린스가 월드컵 500호 골을 터뜨린 것은 기억해둘 만한 기록이다. 참고로 월드컵 1,000호 골의 주인공은 네덜란드의 렌센브링크. 1978월드컵 스코틀랜드전에서 골을 터뜨려 역사적인 1,000호 골의 주인공이 됐다.

펠레와 가린샤

펠레를 언급할 차례가 됐다. 더없이 영예로운 닉네임 ‘축구 황제’의 주인공. 세계무대에 혜성처럼 등장해 거성으로 역사에 남은 전설적인 인물. 20세기 최고 별 가운데 별. 이 모두가 펠레를 지칭하는 표현들이다. 펠레는 1958월드컵 출전자를 통틀어 최연소 플레이어(17세 235일)였던 동시에 최연소 득점자(17세 239일)로 기록됐다.

펠레와 호나우도의 결정적 차이가 여기에서 드러난다. 호나우도는 펠레와 같은 17세에 1994월드컵 출전 명단에 이름을 올렸으나 벤치에만 앉아 있었을 뿐 경기엔 나서지 못했다. 하지만 펠레는 달랐다. 8강 웨일스전에 당당히 출전, 73분 승부를 결정짓는 결승골까지 터뜨렸다. 이는 월드컵 역사상 최연소 득점으로 아직까지도 깨지지 않은 진기록이다. 펠레의 천재성은 단발에 그치지 않았다. 4강 프랑스전에서는 놀랍게도 해트트릭을 기록했고, 스웨덴과의 결승에선 2골을 작렬했다. 도합 6골. 겨우 17세 소년이 월드컵에서 이처럼 기적적인 플레이를 펼친 예는 그 전에도 없었고, 그 후로도 없다.

브라질 축구사에서 펠레와 쌍벽을 이루는 큰 별로 추앙받는 '드리블의 제왕' 가린샤도 이 대회를 통해 얼굴을 알렸다. 펠레와 가린샤는 한마디로 찰떡궁합. FIFA 기록에 따르면 두 선수가 함께 뛸 때 브라질은 한 차례도, 단 한 차례도 패한 전례가 없다. 가린샤는 A매치에 모두 60차례 출장해 52승7무1패(승률 92.5%)의 경이적 데이터를 남겼다. 당대 정상급의 라이트윙으로 명성을 날린 가린샤는 사실 어린 시절 소아마비를 앓아 양 다리 길이가 달랐다. 왼다리가 오른다리보다 짧았다. 그럼에도 불구하고 그는 축구 선수가 되겠다는 꿈을 포기하지 않았고, 종국에는 세계적 스타로 발돋움해 역사의 한 면을 화려하게 장식했다. 그래서 긴 세월이 흐른 지금에도 전 세계 축구인들에게 존경의 아이콘으로 자리하는 것이다. 요컨대 가린샤는 신체의 치명적인 단점을 오히려 장점으로 승화한 인물이다. 절뚝거리는 다리로 남들이 흉내 내지 못할 독창적 페이크 모션을 창조, 당세 최고의 드리블러로 우뚝 선 것이다. 가린샤를 일컬어 '20세기 최고 드리블러'라고 정의하는 전문가도 숱하다. 흡사 곡예사 같은 몸놀림으로 상대 수비수의 무게중심을 일거에 무너트린 후 번개처럼 돌파하는 가린샤의 플레이는 그 시절 팬들에게 세포를 요동치게 하는 쾌감을 안겨다 줬다. 훌륭한 윙의 대명사로 꼽히는 가린샤는 일명 '바나나킥'의 달인으로도 유명했다. 1983년 가린샤가 49세를 일기로 세상과 작별할 때 브라질 국민 대다수는 조기를 게양했다.

최고 킬러 퐁텐느, 최고 수문장 야신

브라질에 '환상 듀오' 펠레와 가린샤가 있었다면 프랑스에는 전대미문의 골잡이 퐁텐느가 있었다. 조별 리그부터 3·4위 결정전까지 프랑스가 치른 6경기에 풀타임 출장한 퐁텐느는 자그마치 13골을 몰아쳤다. 한 경기 평균 2.16골에 해당한다. 퐁텐느가 기록한 13골은 역대 월드컵 한 대회 최다 골. 퐁텐느는 또 독일의 게르트 뮐러(14골)에 이어 월드컵 개인 통산 최다 골 부문 2위에 랭크돼 있다. 3위는 12골의 펠레와 호나우두. 1958월드컵에서 매 경기 골을 터뜨린 퐁텐느는 해트트릭도 2회나 연출했다. 한 대회에서 두 차례 해트트릭을 기록한 선수는 월드컵사를 통틀어 불과 네 명뿐이다. 퐁텐느를 포함해 산도르 콕시스(헝가리, 1954), 게르트 뮐러(독일, 1974), 가브리엘 바티스투타(아르헨티나, 1994) 등이 그 주인공이다. 퐁텐느가 보유하고 있는 또 하나의 대기록은 A매치와 관련이 있다. 퐁텐느는 국가대표팀 경기에 모두 21차례 출전, 30골을 쏟아 넣었다. 경기당 평균 1.42골로 역대 프랑스 최고 기록이다. 이 같은 업적을 들어 2003년 세계적 권위의 『프랑스 풋볼』은 퐁텐느를 '프랑스가 낳은 최고의 플레이어' 5위로 선정했다. 1위는 필드의 예술가 미셸 플라티니. 하지만 퐁텐느는 기량이 절정에 있던 27세의 젊은 나이에 다리 부상으로 선수 경력을 마감했다. 은퇴 후 1967년 잠시 국가대표팀 감독을 맡기도 했으나, 불행히도 2경기를 지휘한 후 경질됐다.

마지막으로 소개할 영웅은 구소련의 '흑거미' 레프 야신. 월드컵 최고 골키퍼에게 수여되는 영광의 선물이 다름 아닌 '야신상'이라는 점 하나만으로도 기실 설명은 족하다. 야신은 수문장의 존재 가치를 몇 단계 끌어올린 것으로 평가받는 절세 내공의 키퍼였다. 그는 형용키 어려울 만치 탁월한 반사 신경의 소유자였으며, 유달리 정확한 판단력을 지닌 불세출의 문지기였다.

그는 1958월드컵 당시 수비 라인의 짜임새가 그리 특별할게 없었던 구소련을 8강에 들게 한 일등공신이기도 했다. 야신은 2년 후 처음 열린 유럽선수권에서 조국을 원넌 챔프로 이끌었다. '블랙 스파이더', 즉 흑거미라는 별명은 검정 유니폼을 즐겨 입으며 안방을 철통같이 걸어 잠근 데서 비롯됐다.

야신이 축구판에 아로새긴 기록은 말할 수 없이 화려하다. 통산 150개 이상의 PK를 막아냈으며, 270경기를 무실점으로 방어했다. 쉬이 믿기지 않는 0점대의 토털 방어율이야말로 야신이 20년 넘게 공들여 쌓아 올린 금자탑이다. 프랑스 풋볼이 1956년부터 매해 유럽에서 가장 뛰어난 활약을 펼친 플레이어에게 주는 '골든 볼' 수상자 가운데 GK는 지금껏 오직 한 사람밖에 없다. 누구일 것 같은가. 그렇다. 레프 야신이다.

1960^{년대} : 희대의 영웅 찬가

1962칠레월드컵

'위대한' 축구 행정가의 '위대한' 업적

1954스위스월드컵과 1958스웨덴월드컵 등 유럽에서 잇달아 대회를 개최한 FIFA는 1950브라질월드컵 이후 12년 만에 다시 남미 대륙에 월드컵 개최권을 선물했다. 개최국은 칠레. 그러나 경기장 시설이 전반적으로 낙후되고 관중 수용 능력 등에서도 여러 가지 문제점을 드러낸 칠레가 최종 개최지로 결정되자 우려의 목소리가 비등했다. 사실 당초 가장 유력한 개최 후보지는 아르헨티나였다.

아르헨티나는 축구 수준 및 인프라, 그리고 팬들의 응원 열기 등에서 높은 점수를 받았지만, 1956년 6월 열린 FIFA 총회의 결정은 실로 의외였다. 딱히 장점이 없던 칠레에 FIFA 집행위원들이 표를 몰아준 것이다. 물론 이유는 있었다. 칠레는 인프라 측면에서는 썩 보잘것없는 국가였으나, 뛰어난 축구 행정가를 보유하고 있었다. 바로 카를로스 디트본 칠레축구협회장이다. 디트본 회장은 당시 FIFA 총회에서 감동적인 연설로 집행위원들의 닫힌 마음을 활짝 열었다. 디트본 회장은 "우린 아무것도 가진 게 없기 때문에 모든 것을 할 수 있다."는 요지의 연설로 강력한 라이벌, 아니 도저히 이길 수 없을 것 같던 경쟁자 아르헨티나를 제치고 월드컵 개최권을 따내는 쾌거를 이뤘다. 그렇지만 무에서 유를 창조한 신화적 인물 디트본 회장은 안타깝게도 월드컵 개막을 불과 한 달 앞두고 심장마비로 사망, 칠레 국민들을 비통함에 잠기게 했다.

삼바군단, 2연패 달성

개막 2년 전 지진이라는 천재지변을 겪고도 칠레는 무사히 월드컵을 마쳤다는 평을 이끌어냈다. 외형적으로도 1962월드컵은 성공에 가까웠다. 우선 56개 팀이 지역 예선에 참가하는 신기록이 세워졌다. 1958월드컵에서 선전한 프랑스와 스웨덴이 각각 스위스, 불가리아의 덫에 걸려 본선 진출에 실패한 것은 이변으로 받아들여졌다. 일본을 꺾고 사상 두 번째 월드컵 진출을 노린 한국은 아쉽게도 유고슬라비아와의 플레이오프에서 1-5, 1-3으로 연패해 좌절을 맛봤다.

한편 본선 경기는 여느 대회보다 치열했다. 특히 몸싸움이 너무 잦아 보는 이들의 눈살을 찌푸리게 만들기도 했다. 그 대표적인 예가 소련-유고슬라비아, 칠레-이탈리아, 서독-스위스의 경기였다. 칠레-이탈리아전에선 칠레 선수의 코뼈가 부러지는 불상사가 발생했고 두 명의 이탈리아 선수가 퇴장당했으며, 종국에는 심판의 통제까지 먹히지 않는 지경에 이르러 '산티아고의 전쟁'이라는 악명까지 붙었다. 이처럼 거친 플레이는 사실상 유례가 없던 것이었으며 브라질의 정상급 선수들이 잇따라 부상을 입어 대회 도중 여러 스타가 모습을 감추자 팬들의 성화가 빗발치기도 했다. 설상가상으로 최고 스타 펠레마저 체코슬로바키아의 경기 중 부상을 입어 상황은 더 심각해졌다. 1958월드컵을 통해 세계적인 별로 발돋움한 펠레는 체코슬로바키아전에서 상대 골키퍼와 충돌, 근육에 큰 충격을 받아 나머지 경기에 모두 결장했다. 펠레의 환상적인 드리블링과 탁월한 경기 운영, 비범한 골 퍼레이드를 구경할 수 없다는 데 세계 축구팬들이 크게 실망했음은 물론이다.

그러나 핵심 멤버 펠레가 빠졌음에도 브라질은 여전히 강했다. 체코슬로바키아, 멕시코, 스페인과 3그룹에 편성돼 본선 첫 걸음을 뗀 브라질은 거뜬하게 조 1위로 8강에 진출, 종주국 잉글랜드마저 3-1로 느긋하게 누르고 준결승까지 치고 나갔다. 브라질의 준결승 상대는 개최국 칠레. 하지만 칠레는 객관 전력상 브라질의 적수가 못 됐다. 초반 '드리블의 제왕' 가린샤의 연속골로 일찌감치 승기를 잡은 브라질은 후반에도 바

바의 연속 골을 앞세워 경기를 주도한 끝에 칠레를 4-2로 깨끗이 잠재웠다.

대망의 결승전은 대회 2연패에 도전하는 브라질과 사상 첫 세계제패를 노린 체코슬로바키아의 한판 승부로 펼쳐졌다. 체코슬로바키아의 실력이 만만치 않아 시소게임이 될 것이라던 전망은 보기 좋게 빗나갔다. 물론 초반에는 선제골을 넣은 체코슬로바키아가 앞서가는 듯했으나 전반 17분 브라질의 동점 골이 터진 이후 승부는 급격히 삼바군단 쪽으로 기울었다. 결국 경기 내내 체코슬로바키아를 어렵지 않게 요리한 브라질이 3-1로 승리, 사상 두 번째로 줄리메컵을 획득했다.

전대미문의 대기록 작성자 자갈로

1962월드컵에서 꼭 짚고 넘어가야 할 플레이어는 브라질의 '늑대' 자갈로. 1958년 대회에도 참가해 왼쪽 공간에서 자못 왕성한 플레이를 선보인 자갈로는 1962년 한층 물오른 기량으로 펠레가 빠진 브라질 공격 라인의 공백을 훌륭히 메웠다는 찬사를 받았다. 선수로서 두 차례나 월드컵 최정상을 경험한 자갈로는 훗날 1970멕시코월드컵 때는 감독으로 삼바군단을 지휘, 세계를 제패하는 특이한 이력을 쌓았다. 선수와 감독으로 월드컵 정상을 밟은 인물은 역사상 자갈로가 처음이다. 두 번째 인물은 독일의 영원한 황제 프란츠 베켄바우어로 1974월드컵에서는 선수로 월드컵 트로피에 입맞춤했고, 1990년에는 감독으로 또 한 차례 월드컵 트로피를 들어올렸다. 고

로 지금까지 선수와 감독으로 월드컵 최고봉에 오른 기적의
사나이는 자갈로와 베켄바우어뿐이다.

1966잉글랜드월드컵

줄리메컵 도난 사건

사상 처음 축구 종가에서 열린 1966월드컵은 실로 다사다
난했다. 유럽과 남미에 힘을 몰아준 FIFA의 차별적 본선 티켓
배정 방침에 아시아 및 아프리카 팀 다수가 불만을 품고 지역
예선에 고의 불참한 데다, 영광의 줄리메컵을 관리 소홀로 분
실했다가 대회 개막전 마치 만화처럼 견공의 도움을 입어 극
적으로 되찾았다. 월드컵 3연패를 노리던 '최강' 브라질의 조
별 리그 탈락, '무명' 북한의 8강 진출은 충격 그 자체였다. 잉
글랜드와 서독이 맞붙은 결승전에서는 세기의 판정 논란까지
빚어져 폐막 후에도 한동안 시끄러웠다.

북한의 본선 진출 배경부터 살펴보자. 세계 축구판의 변방
아시아, 그 안에서도 세력이 미약했던 당시 북한의 '깜짝' 잉
글랜드 입성은 실력 외에 운도 꽤나 따른 결과로 풀이할 수
있다. 그 시절 FIFA는 아시아, 아프리카, 오세아니아 세 대륙
을 묶어 단 한 장의 티켓을 허용했을 뿐이다. 그런데 카메룬,
이집트, 나이지리아, 튀니지, 한국 등 아프리카 및 아시아 강
호들이 이에 강력 반발, 불참을 선언했다. 심한 인종차별로 국
제사회의 비난을 받던 남아프리카공화국은 FIFA의 제재로 아

예 출사조차 하지 못했다. 덕분에 북한은 별다른 난관 없이 지역 예선 플레이오프에 무혈 진출, 호주를 가볍게 제압하고 역대 최초로 월드컵 본선 무대에 오르게 됐다. 그리고 놀랍게도 소련, 이탈리아, 칠레 등이 속한 본선 조별 리그 D그룹에서 소련에 이어 차석을 차지, 전문가들의 예상을 한껏 비웃으며 8강에 진출하는 일대 기적을 연출했다. 이후 북한은 리버풀에서 열린 포르투갈과의 준준결승에서 3-0으로 리드하다 '흑진주' 에우제비오에게 내리 4골을 내주며 3-5로 분패했다. 한편 FIFA는 아프리카, 아시아 팀들의 항의를 부분 수용, 4년 후 1970월드컵에는 아프리카에 온전한 한 장의 티켓을 할당했으며 아시아, 오세아니아에는 각각 0.5장의 티켓을 부여했다.

'줄리메컵 도난 사건'은 희대의 해프닝으로 기록돼 있다. 런던에서 성황리 전시 중이던 줄리메컵이 개막 80여 일을 앞두고 흔적도 없이 사라진 것. 난데없는 사건에 체면을 구긴 세계적 명성의 영국 경시청은 그야말로 난리가 났다. 하지만 백방으로 수색해도 컵의 행방은 묘연, FIFA는 컵 없이 월드컵을 치러야 하는 난감한 위기에 봉착했다. 바로 그때 한편의 드라마가 탄생했다. 황당하게도 런던 남쪽 지방의 피클스Pickles라는 개가 어느 날 집 뒤뜰 숲에서 황금 줄리메컵을 물고 나온 것이다. 이 일은 언론에 의해 대서특필돼 지구촌 전역으로 퍼져 나갔다. 개 주인은 3천 파운드의 상금을 받았고, '영웅'이 된 피클스는 맛있는 뼈를 잔뜩 챙겼다는 후문이다. 그러나 1970년 브라질에 영구 기증된 줄리메컵은 1983년에 또 다시

종적을 감춘 후 지금껏 행방이 묘연하다.

1966월드컵 최대 이변은 브라질의 조별 리그 탈락이다. 월드컵사 초유의 3연패 달성이 낙관적으로 점쳐지던 브라질은 조별 리그에서 헝가리, 포르투갈에 1-3으로 잇달아 패하며 쓰러졌다. 상대의 집중 견제와 이런저런 부상에 시달린 '황제' 펠레는 두 경기에서 한 골을 넣는 데 그쳤다.

잉글랜드와 서독의 결승전은 연장까지 가는 접전을 벌였는데, 101분에 터진 잉글랜드 제프 허스트의 결승골이 '뜨거운 감자'가 됐다. 크로스바를 맞고 골문 안으로 들어간 볼이 골라인을 넘어갔느냐, 아니냐가 논란의 중심. 이날 주심을 맡은 스위스의 디엔스트 심판은 경기를 중단하고 소련 출신의 바흐라모프 부심과 상의, 골로 최종 확정했고 잉글랜드는 독일을 4-2로 꺾고 챔프에 등극했다. 그러나 제프 허스트의 이 골은 전문가들 사이에서도 1년 넘게 논쟁거리가 됐을 만큼 핫이슈였다.

스타들의 집합체 잉글랜드

당세 잉글랜드는 강했다. 일단 멤버부터가 대단했다. 수문장 고든 뱅크스를 위시해 코헨, 보비 무어, 보비 찰튼, 알란 볼, 제프 허스트 등 시대를 풍미한 대형 스타들이 스쿼드를 풍요롭게 만들었다. 아울러 명장 알프레드 람지 감독의 탄탄한 전술과 냉철한 용병술은 팀을 한층 돋보이게 했다. 그 덕에 잉글랜드는 1966월드컵에서 무패로 우승하는 막강 진력을 괴시하며 축구 종가의 힘과 위엄을 천하에 알렸다. 대진운이 특별히 좋았던 것도 아니었다. 조별 리그에서는 우루과이, 멕시코, 프랑스와 싸웠고, 결선 토너먼트에서는 아르헨티나, 포르투갈, 서독 등 당대 일류 강호와 격돌하여 챔피언에 등극했다.

이제 슬슬 전설 속의 영웅들을 짚어볼 차례다. 20세기 대표 문지기 고든 뱅크스부터 시작하자. 역사는 뱅크스를 향해 주저 없이 '사상 가장 위대한 골키퍼 중 한 명'이라고 정의하고 있다. 그만큼 그는 빼어났다. 예사롭지 않은 판단력과 반사 신경을 지닌 뱅크스의 별명은 '잉글랜드 은행'이었으니, 이는 고객의 재산을 안전하게 보호하는 은행처럼 팀의 최후 방어선을 굳건히 지킨 데서 비롯된 영광의 별명이다. 뱅크스는 말 그대로 '철옹성'의 진수를 실연했다. 준결승까지 5경기를 치르는 동안 단 1실점했고, 조별 라운드부터 8강전까진 아예 무실점으로 틀어막는 신기의 완벽 방어쇼를 선보였다. 더욱 놀라운 점은 4강전의 1실점도 실은 PK골이었다는 것이다.

뱅크스의 활약은 결승전에서 더욱 빛났다. 서독의 파상공세를 온몸으로 저지하며 우승에 크게 공헌한 점에 비춰보면 2실점은 오점도 아니다. 상당수 전문가들이 뱅크스를 잉글랜드 역대 최고 키퍼로 꼽는 이유가 비단 이 때문만은 아니다. 기실 핵심은 기복 없이 꾸준했던 공력에 있다. A매치에 통산 73차례 출전한 뱅크스는 그 50%에 달하는 35경기 무실점에 도합 57골을 허용, 경기당 0.78실점이라는 경이적인 기록을 남겼다.

골문에 뱅크스가 있었다면 위험 지역에는 위대한 캡틴 보비 무어가 존재했다. 불과 17세의 나이에 웨스트햄 소속으로

잉글랜드 프로리그에 데뷔한 천재 디펜더 보비 무어는 A매치
에 108회 출장하는 동안 자그마치 90차례나 주장 완장을 찬
불세출의 리더였다. 1966월드컵에서의 맹활약은 강조하고 또
강조해도 지나치지 않다. 객관적으로 따져 지극히 훌륭했다.
기량은 두말하면 잔소리. 상대에게 해를 입히지 않고 정확히
볼만 빼앗던 귀신같은 태클 솜씨, 판세를 뚫어보며 실마리를
푸는 예리한 본능, 기막힌 위치 선정 능력, 시의적절한 공격
전환 패스 등 그의 장점을 다 열거하는 것도 쉽지 않다. "보비
무어가 없었다면 고든 뱅크스도 없었을 것"이 일반적인 평가.
중원에는 맨체스터 유나이티드의 원조 신화이자 잉글랜드
축구의 상징 보비 찰튼이 있었다. 매끄러운 경기 운영과 저격
수 이상의 화력을 뽐내던 보비 찰튼은 1966년엔 이미 농익을
대로 농익은 상태였다. 그에 대해 가장 간단하면서도 확실한
설명을 하자면, 1966년 '유럽 올해의 선수'의 주인공이 보비
찰튼이었다는 것이다. 그런 점에서 잉글랜드는 운이 꽤나 좋
았다고 볼 수 있다. 보비 찰튼의 A매치 49골 기록은 지금까지
깨지지 않았다.
한 차례 거론한 공격수 허스트는 월드컵 결승전에서 해트
트릭을 기록한 세계 유일의 인물이다. 허스트는 이 대회 결승
독일전에서 18, 98, 120분에 골을 넣었다.

흑진주 에우제비오 & 황제 베켄바우어
모잠비크 태생의 포르투갈 '흑진주' 에우제비오는 개막 전

가장 주목받던 슈퍼스타 중 한 명이었다. 1965년 '유럽 올해의 선수'로서 펠레와 더불어 이미 당대 최고 킬러로 평가받고 있었던 까닭이다. 역시 영웅은 찬스에 강했다. 뚜껑을 열어본 결과 비범한 기린아 에우제비오의 실력은 과연 명성에 걸맞았다. 세계적 수준의 수비수들을 맘껏 희롱하며 8강전 4골을 포함, 6경기에서 9골을 터뜨려 당당히 대회 득점왕 타이틀을 거머쥔 것이다. 2004유럽선수권 취재 당시 필자는 포르투갈에서 에우제비오와 단독 인터뷰를 한 적이 있는데, 에우제비오는 그때 "어린 시절 모잠비크의 모래밭에서 테니스 공으로 축구 기술을 연마한 게 훗날의 성공 비결"이라고 귀띔한 바 있다. 에우제비오는 또 자신이 선수 생활을 하며 터뜨린 골의 합계도 알려줬는데, 그 숫자는 자그마치 '1,137'이다. 이는 유소년, 프로, 국가대표 골 기록을 모두 합해 놓은 것으로 모잠비크축구협회에서 공식화한 기록이라고 한다.

1966월드컵이 배출한 또 다른 스타는 전차군단의 '슈퍼' 사령관, 또는 '황제'로 칭송되는 프란츠 베켄바우어. 그는 1966 월드컵을 통해 자신의 진면목을 유감없이 드러냈다. 충격적인 동시 혁신적인 '리베로'라는 포지션으로 세간의 이목을 잡아챘을 뿐더러 우아하면서도 자신감 넘치는 동작을 앞세워 팬들을 매료시켰다. 약관을 살짝 지났을 뿐인 베켄바워가 8살 연상의 보비 찰튼과 동일선상에서 극찬받았다면 그 기량이 어느 정도였을지는 대략 짐작 가능할 것이다. 간단히 말해 진정으로 특출했다.

1970년대 : 요한 크루이프 & 토털 사커

1970멕시코월드컵

다시 불거진 개최지 논란

1970월드컵은 처음으로 선수 교체가 허용되고 옐로카드와 레드카드가 등장한 월드컵이다. 축구의 인기 및 높아진 위상과 맞물려 지역 예선 참가팀은 또 다시 늘어나 75개 팀으로 대폭 증가했다. 일찍이 우승 후보로 지목된 포르투갈, 스페인, 헝가리, 프랑스, 아르헨티나 등이 지역 예선에서 탈락하는 이변과 파란도 속출했다. 그래서 더욱 재미있고 흥미로운 대회였다. 한편 이스라엘과 모로코는 사상 처음으로 본선에 진출하는 기쁨을 누렸다.

개최지 결정을 놓고는 또 논란이 일었다. 1930년대 후반부터 줄곧 개최지 선정에서 탈락하며 FIFA와 오래도록 반목관계를 지속해 온 아르헨티나가 다시 한 번 강하게 개최권을 요구했고, 이번엔 아르헨티나도 소원을 푸는 듯했다. 하지만 '올림픽 열기'가 아르헨티나를 또 한 번 울렸다. 1970월드컵 개최지 선정을 위한 FIFA 총회가 열린 시점은 18회 올림픽 개막을 이틀 앞둔 1964년 10월 8일. 장소는 도쿄였다. 뜨거운 올림픽 열기에 동한 FIFA 집행위원들이 또 다시 아르헨티나를 모른 척하고 1968년 올림픽 개최 예정국인 멕시코를 선택한 것이다. 표면적인 이유는 멕시코가 최신식 인프라 구축에 열심이라는 점.

하지만 논란은 쉬 가라앉지 않았다. 반대 여론이 적지 않았기 때문이다. 멕시코 개최에 반대 입장을 보인 측의 주장은 멕시코가 해발 1,700미터 이상의 고지대에 자리한 까닭에 선수들이 현지 적응에 어려움을 겪을 수 있다는 것으로 모아졌다. 특히 메인 스타디움인 '에스타디오 아즈테카'는 해발 2,680미터의 고지대에 위치해 우려를 증폭시켰다. 대회 개막 후 이 같은 우려는 현실로 나타났다. 평지에 비해 산소량이 30%가량 모자라는 고지대에서 경기를 하다 보니 선수들이 급격한 체력 저하 현상을 드러냈고, 섭씨 40°를 넘나드는 살인적인 무더위까지 겹치는 통에 일사병과 두통을 호소하는 선수들도 적잖았다. 하지만 별 수 없었다. 월드컵은 이미 개막해버렸으니.

명승부 3선

1970월드컵에서는 아직까지 회자되는 명승부가 유독 많이 벌어졌다. 가장 대표적인 경기만 간추려 보면 브라질-잉글랜드, 잉글랜드-서독, 이탈리아-서독의 매치 업이다.

먼저 1970년 6월 7일 열린 잉글랜드와 브라질의 일전은 한 마디로 '숨 막히는 접전'이었다. 두 팀의 대결은 축구 종가와 축구 왕국의 자존심 대결이기도 했으며 1962월드컵 우승팀과 1966월드컵 우승팀의 물러설 수 없는 명예의 싸움이기도 했다. 자이르징요, 펠레, 리베링요, 고든 뱅크스, 보비 무어 등 경기에 나선 양 팀 선수들의 면면도 화려하기 그지없었다. 밀고 밀리는 일진일퇴의 정수를 선보인 이날의 다툼은 59분 자이르징요의 한 방에 끝이 났다. 결과는 브라질의 1-0 신승.

잉글랜드와 서독이 맞붙은 8강전이 세간의 관심을 끈 이유는 바로 두 팀이 1966월드컵에서 우승컵을 놓고 다퉜기 때문이며 잉글랜드가 허스트의 결승골 논란 속에 승리했기 때문이다. 당연히 서독 입장에서는 복수를 다짐하고 있었다. 종전 대회 결승전에 이어 공교롭게도 다시 한 번 연장 접전이 재연됐으나 결과는 사뭇 달랐다. 2-2로 평행선을 달리던 연장전 후반 3분 서독이 '게르만 폭격기' 게르트 뮐러의 결승골에 힘입어 3-2로 역전승, 4년 전의 패배를 통렬하게 설욕한 것이다. 서독의 이날 승리는 1901년 0-12로 대패한 이래 수십 년 동안 지겹도록 이어진 잉글랜드전 무승의 허기를 달랜 삼석적 승리이기도 했다. 쉽게 말한다면 서녹이 잉글랜드를 꺾기는 역사상 이날이 처음이란 뜻이다.

　서독과 이탈리아의 준결승전은 월드컵 역사를 논함에 있어 결단코 빠뜨리기 어려운 명승부로 지금까지 그 명성이 자자하다. 빗장수비를 의미하는 카테나치오와 리베로 시스템의 내공 다툼으로 압축된 이탈리아와 서독의 경기는 흡사 전쟁에 가까운 열전으로 평가받았다. 전후반 90분을 1-1로 끝마친 두 팀의 화력에 본격적으로 불이 당겨지기 시작한 것은 희한하게도 연장전 휘슬이 울린 직후부터였다. 역전골과 동점골, 재역전골을 반복하며 주고받으며 양 팀이 연장전에서 쏘아올린 골의 합계는 무려 5골. 경기 종료 후 전광판에 찍힌 숫자는 4-3. 아주 화끈한 이 화력 대결의 최후 승자는 이탈리아였다. 막강한 수비 전술을 자랑하는 두 팀의 대결에서 이토록 많은 골이 나올 줄은 당시 그 누구도 예측 못한 일이다. 그래서 어쩌면 두 팀의 치열하고도 격렬했던 한판 싸움이 지금까지 팬들의 기억을 지배하는 것인지도 모른다.

전설의 게르만 폭격기 등장

　1970월드컵을 회고할 때 가장 먼저 떠오르는 선수는 아마도 게르만 폭격기 게르트 뮐러가 아닐까. 물론 혹자는 이 대회를 끝으로 월드컵과 이별을 고한 펠레부터 떠올릴지 모르겠다. 아무튼 게르트 뮐러는 1970월드컵이 낳은 최고 별 가운데 한 명이다. 뮐러는 평생 단 한 번 작성키도 어려운 해트트릭을 1970월드컵에서만 두 차례씩이나 기록했다. 그리고 도합 10

골을 터뜨려 대회 득점왕의 자리에 올랐다. 뿐만 아니라 뮐러는 1974월드컵에서의 4골을 합쳐 역대 월드컵 개인 통산 최다 골(14골)의 주인공이기도 하다. 이 기록은 아직 깨지지 않았다. 2006월드컵에서 호나우두가 경신하지 못할 경우 당분간 지속될 가능성도 높게 점쳐진다.

뮐러의 최대 장기는 가공할 만한 골 결정력. 어지간해선 득점 찬스를 놓치지 않기로 유명했던 뮐러는 A매치 62경기에서 68골을 터뜨린 괴력의 소유자였다. 오죽했으면 당대 축구계에서 '도무지 수비 전술이 통하는 않는 괴물 같은 플레이어'로 평가받았겠는가. 참으로 대단했다.

축구사에 뮐러가 남긴 기록을 보면 감탄이 절로 나올 정도이다. 1970년 유럽 올해의 선수로 선정된 뮐러는 1972년부터 1974년까지 3연속 유럽챔피언스리그 득점왕을 차지했고, 1972유럽선수권과 1974월드컵에서 조국 서독을 우승으로 이끌었다. 뿐만 아니라 분데스리가 소속팀 바이에른 뮌헨을 네 차례 우승으로 인도했고, 개인 통산 일곱 차례나 독일 프로리그 득점왕에 등극했다. 그가 작성한 분데스리가 개인 통산 365골은 아직까지 깨지지 않는 대기록이다.

브라질의 자이르징요도 1970월드컵을 빛낸 별 가운데 한 명. 자이르징요는 오른다리가 두 번 부러지는 중상을 딛고 기적처럼 회복해 1970월드컵에 출전한 강한 정신력의 플레이어였다. 대회 통산 7골을 터뜨려 뮐러에 이어 득점 랭킹 2위에 올랐고, 6경기에 출전하는 동안 매번 골을 성공시켜 브라질의 사상 3번째 우승에 일등공신 역할을 했다. 역대 월드컵 본선에서 매 경기 골을 터뜨린 선수는 자이르징요 한 명뿐이다. 만 38세까지 현역 선수로 활동한 그는 투철한 자기 관리와 성실하고 질 높은 플레이로 팬들로부터 꾸준한 사랑을 받았다.

1974 서독월드컵

문화혁명 그리고 철통 경비

1974서독월드컵은 사상 처음 컬러TV로 중계됐다. 이 같은 일대 '문화적 혁명'을 기념하듯 이 대회에서는 두 가지 두드러진 변화가 있었다. 먼저 대회 규칙이 변경됐다. 1라운드는 조별로, 2라운드는 토너먼트로 진행하던 방식에서 본선 1, 2라운드 모두 조별로 진행하는 방식으로 바뀌었다. 두 번째 변화는 줄리메컵이 'FIFA월드컵'이라는 이름의 새로운 순금 조각상으로 교체됐다는 점이다. 참고로 줄리메컵은 1970월드컵에서 사상 세 번째 우승의 위업을 달성한 브라질(1958, 1962, 1970)이 영구 소유하게 됐다. 실비오 가자니가가 조각한 새 트로피는 줄리메컵과 마찬가지로 많은 팀들의 선망의 대상이 됐다.

이 새롭고 매력적인 컵의 주인이 되기 위해 1974월드컵에는 총 98개국이 지역 예선에 참가했다. 아울러 동독, 아이티, 호주, 자이레 등이 처음으로 본선에 진출해 주목받았다. 예선에서 루마니아, 핀란드를 누르고 본선행 티켓을 거머쥔 동독 못지않게 멕시코, 미국, 코스타리카 등 '북중미 3강'을 제압하고 월드컵 무대를 밟은 카리브해의 작은 나라 아이티의 성공 스토리는 말 그대로 기적과 같았다. 아프리카의 험난한 예선 혈투를 뚫고 살아남은 자이레, 한국을 꺾고 건국 이래 처음 본선에 입성한 호주도 세계 축구인들의 주목을 끌기 충분했다. 이들 네 팀은 당시 세계 언론이 꼽은 이변 연출의 주인공이었다는 게 공통점이다.

한편 이변의 희생양도 속출했다. 월드컵마다 끊이질 않는 강호들의 예상을 뒤엎는 탈락 소식은 1974월드컵 때도 예외 없이 들려왔다. 무엇보다 축구 종가 잉글랜드가 지역 예선에서 미끄러진 게 가장 큰 충격이었다. 예선에서 잉글랜드는 같은 조의 폴란드에 0-2로 패하며 결국 조 2위로 밀려 본선 진출 실패의 시련을 겪었다. 헝가리, 스페인, 프랑스 등 유럽의 내로라하는 강호들도 본선 탈락의 고배를 마셨다.

1974월드컵은 전에 비할 수 없을 정도의 철통 보완 속에서 치러졌다. 이유는 있었다. 2년 전 개최된 1972뮌헨올림픽에서 팔레스타인 테러리스트들이 이스라엘 선수 11명을 살해한 사건의 여파 때문이다. 같은 일이 재발되지 않도록 최선을 다하겠다고 다짐한 독일정부는 그야말로 첨단 장비와 시스템을 도입해 경비에 만전, 또 만전을 기했다. 덕분에 1974월드컵은 별다른 사고 없이 무사히 치러졌다.

토털사커의 대반란

이탈리아 조각가 가지니가의 손에서 빚어진 월드컵의 새로운 트로피 'FIFA월드컵'은 높이 36cm 무게 4,970g의 18금이다. 설계자 가자니가에 따르면 'FIFA월드컵'은 세계를 제패하려는 힘과 월드컵의 활기, 승리의 결정적인 순간을 형상화했다. 이 트로피의 밑바닥에는 1974월드컵 우승팀부터 2038월드컵까지의 우승팀 이름을 새기기 위해 17개의 작은 명판이 있다.

16개 팀이 리그전을 벌여 8강 진출팀을 가린 16강전에서는 명암이 극명히 갈렸다. 유고슬라비아, 브라질, 네덜란드, 스웨덴, 폴란드, 아르헨티나 등 전통 강호들이 비교적 손쉽게 2라운드에 진출했고, 1그룹에서 자웅을 겨룬 동독과 서독은 사이좋게 나란히 8강에 올랐다. 그러나 각각 월드컵 2회 우승의 금자탑을 쌓은 남미 강자 우루과이와 '아주리' 이탈리아는 힘한번 제대로 써보지 못한 채 무너지며 본선 진출에 만족해야 했다. 월드컵 초보 출전국인 호주, 아이티, 자이레는 세계의 높은 벽을 실감하며 본선 1라운드 종료 후 곧 보따리를 쌌다.

8강은 4개 팀씩 2그룹으로 나뉘어 각조 1위가 결승에 진출하고 2위는 3·4위 결정전을 치르는 방식으로 진행됐는데, 대망의 결승행에 성공한 각조 1위는 네덜란드와 서독으로 정해졌다. 2회 연속, 그리고 도합 네 번째 월드컵 정상을 노크한 브라질은 네덜란드의 혁신적인 전술 '토털 사커' 앞에 무릎을 꿇었다. 당대 네덜란드 전력은 그야말로 강력하기 이를 데 없었다. 브라질, 동독, 아르헨티나와 한 조에서 8강 일정을 소화한 네덜란드는 놀랍게도 3경기를 모두 승리로 마무리 지었을 뿐 아니라 8골을 넣는 동안 무실점을 기록하는 등 '완벽' 그 자체의 경기력을 선보였다. 희대의 천재 플레이어 요한 크루이프를 앞세워 최초의 월드컵 우승을 꿈꾼 네덜란드는 결승에서 프란츠 베켄바우어가 버티고 있는 서독과 만났다. 전망은 다소 엇갈렸다. 일각에서는 홈그라운드의 이점을 안고 있는 서독의 우세를 점친 반면 일각에서는 도무지 허점이 보이지 않는 네덜란드의 우위를 예견했다. 한 가지 확실한 것은 그 누구도 두 팀의 경기가 한쪽으로 쉬이 기울지는 않을 것으로 내다봤다는 점이다. 그리고 이 같은 전망은 정확히 들어맞았다. 경기는 한마디로 막상막하, 용호상박, 백중지세의 대격전이었다.

선취골은 네덜란드가 뽑았다. 네덜란드는 경기 시작 2분 만에 요한 니스켄스가 페널티킥을 성공시켜 여유로운 입장에서 게임을 풀어갔다. 그런데 전반 25분, 이번에는 서독의 브라이트너가 페널티킥을 골로 연결시켜 승부를 원점으로 되돌렸다. 숨 막히는 명승부로 전개되던 혈투는 전반 43분 라이너 본호프의 패스를 이어받은 '게르만 폭격기' 게르트 뮐러의 결승골로 사실상 종지부를 찍었다. 이후 네덜란드는 동점골을 얻어내기 위해 전원 공격의 파상공세를 퍼부었으나 끝내 제프 마이어가 지킨 서독의 골문을 여는 데는 실패했다.

세기의 별 중 별

1974월드컵 최고의 별은 누구일까. 오렌지군단의 기수 요한 크루이프라는 것에 과연 이견이 있을 수 있을까? 물론 서독의 리더 베켄바우어 역시 빼어났다. 그러나 역사는 오히려 크루이프를 더 오래 기억할지 모른다. 왜냐하면 그는 모든 것을 지녔음에도 끝내 정상을 밟지는 못한 불운의 영웅이기 때문이다. FIFA가 1974월드컵에서 처음 제정한 대회 MVP에 크루이프를 선정한 것은 시사하는 바 크다.

리누스 미첼 당시 네덜란드대표팀 감독이 전원 공격 전원 수비의 이른바 토털사커 전술을 현실화할 수 있었던 배경도 바로 크루이프의 특출한 능력에서 비롯된 것이다. 미첼 감독의 토털사커의 시작점이자 완성점으로 인식된 가공할 플레이메이커 크루이프는 볼을 다루는 기술이 월등했고, 움직임이 스피디했으며 지능까지 탁월했다. 훌륭한 축구 선수가 갖춰야 할 3B(Ball Control, Body Balance, Brain) 요건을 한 몸에 고루 지니고 있었다고 해도 과언이 아니다. 그러니 크루이프를 보유하고도 1974월드컵에서 우승하지 못한 것을 항상 애석하게 여기는 네덜란드 팬들의 심정도 일면 이해가 간다.

크루이프가 남긴 족적은 실로 화려하다는 말로도 다 표현하기 벅차다. 1960·1970년대 소속구단인 AFC아약스를 이끌고 아홉 차례 네덜란드리그를 석권한 크루이프는 1971년부터 1973년까지 아약스를 내리 3연속 유럽챔피언스컵 랭킹 꼭대기에 올려놓았고, 스페인 명문 바르셀로나에서도 318경기에 출장, 250골을 터뜨리는 발군의 기량을 과시했다. 선수 시절을 통틀어서는 모두 752경기에 출전, 425골을 쏘아 올렸다. '유럽 올해의 선수상'을 자그마치 세 차례나 수상했다는 것만으로도 사실 크루이프에 대한 설명은 충분하다. '유럽 올해의 선수상'은 아무리 뛰어난 선수라 할지라도 평생 한 번도 받기 어려운 상이기 때문이다.

크루이프는 훗날 지도자로 변신해서도 놀라운 능력을 발휘했다. 스페인 프리메라리가 명문클럽 바르셀로나가 지금껏 유럽챔피언스리그에서 우승한 전례는 딱 한 번(1992) 있는데, 당시 바르셀로나를 진두지휘한 인물이 바로 크루이프다.

1978아르헨티나월드컵

'오렌지 파워의 핵' 불참

종전처럼 1978월드컵에도 영웅은 어김없이 출현했다. 또 한둘이 아니었다. 파울로 로시(이탈리아), 칼-하인츠 루메니게(서독), 다니엘 파사렐라, 마리오 켐페스, 다니엘 베르토니(이상 아르헨티나) 등 신선한 새 얼굴들이 월드컵에 데뷔하며 지구촌 팬들에게 축구의 정수를 선보였다. 롭 렌센브링크, 요한 니스켄스, 루드 크롤(이상 네덜란드), 베르티 포그츠(서독) 등 1974 월드컵 멤버들도 한층 업그레이드된 기량으로 컴백, 보는 눈을 신나게 했다.

1978월드컵 예선에는 모두 98개 팀이 참가했고 본선에는 디펜딩 챔피언 서독, 개최국 아르헨티나를 포함해 16개 팀이 출전했다. 대륙별로 보면 유럽이 전체의 62.5%로 가장 많았다. 유럽은 1974대회 우승팀 서독을 비롯해 폴란드, 이탈리아,

오스트리아, 네덜란드, 프랑스, 스웨덴, 스코틀랜드, 스페인, 헝가리까지 10개 팀이 본선에 등장했다. 아르헨티나, 브라질, 페루 총 3개 팀이 출사표를 내민 남미가 그 다음으로 많았고, 북중미(멕시코), 아프리카(튀니지), 아시아(이란)에서는 각각 한 팀씩 출전했다. 이란, 한국, 쿠웨이트, 홍콩 등 아시아 국가와 한 장의 티켓을 놓고 대결을 펼친 오세아니아의 호주는 또 한 번 들러리로 전락했다. 한편 한국은 지역 예선 최종라운드 종합 순위에서 이란에 밀려 24년만의 월드컵 진출 꿈을 접었다.

당시 개최국 아르헨티나는 정치적으로 꽤 혼란스러웠다. 월드컵 개막 2년 전 아르헨티나 육군총사령관인 비델라 장군이 쿠데타를 일으켜 대통령에 취임, 독재를 일삼으며 이런저런 인권 탄압 사건들을 일으켜 안팎으로 여론이 뒤숭숭했다. 특히 유럽 강대국들은 비델라 정권의 부도덕성을 강도 높게 비난하며 월드컵에 불참할 뜻까지 내비쳤다. 그러나 시간이 흐르며 대회 분위기가 무르익자 소련을 제외한 대다수 국가의 선수들이 아르헨티나행 비행기에 탑승했다. 반면 끝끝내 대회 출전을 거부한 슈퍼스타가 있었으니, 그 이름도 유명한 '천재' 요한 크루이프다. 당시 크루이프가 아르헨티나 땅을 밟았더라면 월드컵 역사는 크게 달라졌을지도 모를 일이다.

이란과 튀니지는 사상 처음으로 월드컵 무대에 모습을 드러냈고, 한동안 부진했던 프랑스는 12년 만에 본선에 나섰다. 1966월드컵 챔피언 잉글랜드는 지역예선에서 '카테나치오' 이탈리아의 벽을 넘지 못해 1974년에 이어 2회 연속 지구촌 최대 축구 페스티벌에 발을 내딛지 못하는 쓴 맛을 봤다.

첫 우승, 그러나 승부 조작설에 휘말리다

'오렌지 파워'의 핵 크루이프가 비록 불참했으나 그래도 네덜란드는 강했다. R. 크롤, 아리에 한, 반 데 케르크호프, 로젠브링크, 니스켄스 등 엔트리에 1974월드컵 준우승 멤버가 12명이나 섞여 있어 기술과 경험을 아우른 기본 전력이 짱짱했다. 1974대회에 출전한 오렌지 요원 전원이 월드컵 참가 이력이 전무했다는 점과 비교하면 여간한 발전이 아니다. 그러나 축구는 역시 과학이 아니다. 16강이 다투는 조별 리그에서 네덜란드는 당초 예상과 달리 손쉽게 8강 진출을 확정짓지 못했고 1승1무1패로 스코틀랜드와 골득실을 따지는 상황에까지 몰렸다 가까스로 기사회생했다. 특이할 점은 그룹 1위만이 결승에 진출하는 8강전 조별 리그에서는 순항, 이탈리아, 호주, 서독을 제치고 수위를 차지했다는 것이다. 결국 발동이 늦게 걸린 셈이다.

아르헨티나는 네덜란드와 다소 상반되는 길을 걸었다. 16강 조별 리그는 무난히 통과했으나 8강전이 만만치 않았다. 숙명의 강적 브라질과 한 그룹에 편성됐기 때문이다. 브라질이 2승1무 6골1실점으로 8강 3경기를 먼저 끝낸 시점에 아르헨티나는 1승1무 2골0실점을 기록하고 있어 마지막 페루전에서 4골차 이상의 승리를 거둬야 파이널 매치에 다다를 수 있었다. 그런데 당시 페루의 전력은 그리 녹록하지 않았다. 때문에 전문가들은 이변이 없는 한 브라질, 네덜란드가 우승컵을 놓고 다툴 것으로 전망했다. 그러나 절체절명의 위기에 처해 있던 아르헨티나는 페루를 6-0으로 대파하고 브라질을 조2위로 끌어 내렸다. 뜻밖의 결과에 승부 조작설이 제기됐으며 이는 대회가 막을 내릴 때까지 끊이지 않고 계속됐다.

홈팀 아르헨티나와 전 대회 준우승국 네덜란드가 맞붙은 결승전은 말 그대로 박빙의 승부였다. 두 팀은 90분으로 승부를 가리지 못할 만큼(1-1) 대등하게 싸웠고 치열하게 경쟁했다. 승부의 추는 연장전에 돌입해서야 한편으로 기울었다. 켐페스와 베르토니가 연장 전·후반에 각각 1골씩을 추가한 아르헨티나가 왕좌에 등극한 것이다. 그러나 아르헨티나는 월드컵 역사상 처음 챔피언 타이틀을 획득하는 기쁨 앞에서 페루전 승부 조작설에 휘말려 그 영광의 빛이 적잖이 바랬다. 덧붙여 네덜란드에 크루이프가 있었더라면 혹 승리의 주인공이 뒤바뀌지 않았을지 가정해보는 것도 흥미롭다.

아르헨티나 새 영웅 탄생

대회 으뜸 히어로는 단연 득점왕 켐페스를 꼽을 만하다. 켐페스는 1974년 나이 열아홉 살에 처음 월드컵 무대에 나와 6경기에서 412분을 뛰고도 단 한 골도 넣지 못했지만, 1978월드컵을 통해 드디어 자신의 진가를 만방에 뽐냈다. 8강 조별리그 1라운드에서 폴란드를 상대로 결승 쐐기골을 터뜨리며 세계 팬들에게 강한 인상을 심어주는 데 성공한 켐페스는 결승으로 가는 최대 고비인 페루전에서도 2골을 뽑아내 일약 스타덤에 올랐다. 한번 물이 오른 켐페스의 기세는 결승에서도 한껏 빛났다. 켐페스는 네덜란드와의 마지막 혈투에서 천금 같은 선제골과 역전골을 잇따라 터뜨려 팀을 우승으로 이끌며 아르헨티나의 영웅으로 부상했다. 완벽에 가깝다고 평가된 바디 밸런스와 쾌속 스피드, 벼락같은 슈팅 등이 트레이드마크로 꼽힌 켐페스는 1976~1977, 1977~1978시즌 스페인 라 리가(발렌시아) 득점왕 출신이기도 하다. 아르헨티나 선수가 월드컵 득점왕에 오르기는 1930년 스타빌레 이후 처음이다.

월드컵 역사상 가장 뛰어난 스위퍼 중 한 명으로 지목되는 아르헨티나 캡틴 다니엘 파사렐라도 언급하지 않을 수 없다. 강력한 리더십과 빼어난 프리킥 솜씨로 명성을 떨친 파사렐라는 당세 아르헨티나가 자랑한, 둘째가라면 서러워할 키플레이어였다. 파사렐라는 전술 수행 능력뿐 아니라 공격 가담 능력도 출중해 팀 전력 제고에 긍정적 영향을 미친 플레이어로 명성이 자자했다. 1978월드컵에서 1골2도움을 기록한 파사렐라는 통산 A매치 70경기에 출장해 22골을 넣었고, 아르헨티나 리그 298경기에서 99골을 쏘아올린 비범한 수비수였다.

또 한 번 결승에서 좌절한 오렌지군단 멤버 중에서는 렌센브링크와 크롤이 돋보였다. 페루 공격수 쿠빌라스와 함께 5골로 득점 2위에 랭크된 레프트윙포워드 렌센브링크는 어시스트도 3개를 기록해 종합 공격 포인트에서 6골1도움으로 활약한 라이벌 켐페스에 비견될 만했다. 벨기에 안더레흐트의 전

설로 기억되는 렌센브링크는 속도감 넘치는 드리블 돌파가 주
특기였다.

　아르헨티나에 위대한 수비수 파사렐라가 존재했다면 네덜
란드에는 특출한 리베로인 크롤이 있었다. 명수비수로 이름을
떨친 크롤은 크루이프, 니스켄스 등과 함께 당대 '토털사커'의
뼈대로 불렸다. 1970년대 초반 3년 연속 유럽 무대를 평정한
아약스의 중추 멤버이기도 하다. 그는 1969년 약관의 나이에
A팀에 발탁된 후 무려 16년 간 오렌지 유니폼을 입으며 A매
치 도합 83경기 4골을 기록했다.

　전차군단의 신화 칼-하인츠 루메니게도 이 대회를 통해 세
계 팬들에게 비상한 실력을 과시했다. 훗날 크게 대성한 루메
니게는 1980, 1981년 내리 '유럽 올해의 선수'로 선정됐다.

1980년대 : '신동' 마라도나 시대 개막

1982스페인월드컵

본선 진출국 대폭 증가

1982월드컵은 유럽, 북중미, 남미, 아시아, 오세아니아, 아프리카 등 지구촌 여섯 대륙의 팀이 고루 참가한 사상 초유의 대회로 역사에 남는다. 예를 들어 1978월드컵에서는 오세아니아, 1974월드컵에서는 아시아, 1970월드컵에서는 오세아니아 등이 본선에 한 팀도 내보내지 못했다. 그 이전 대회 역시 상황은 비슷했다. 그러나 1982월드컵에는 처음으로 전 대륙이 참가했고, 그것만으로도 크나큰 의미가 있었다. 명실 공히 월드컵의 기본 이념이 현실로 이루어졌기 때문이었다.

그런데 이 같은 일이 가능했던 이유는 주앙 아벨란제 FIFA

회장이 자신의 선거 공약에서 큰 부분을 차지한 '월드컵 본선 진출국의 숫자 증가'를 1982월드컵을 통해 실천했기 때문이다. 아벨란제 회장은 1979년 5월 17일 개최된 FIFA 총회에서 기존 16개 팀이 본선에 오르던 규정을 24개 팀으로 전격 확대 수정하는 안을 통과시켰다. 이로써 1982월드컵 본선 티켓은 유럽 14장(개최국 스페인 포함), 남미 4장(전 대회 우승팀 아르헨티나 포함), 아프리카 2장, 북중미 2장, 아시아 및 오세아니아 2장으로 각각 배정됐다. 티켓 분배 과정에서 가장 이익을 본 대륙은 역시 유럽으로 종전보다 4장씩이나 늘었다. 때문에 유럽 지역 예선은 그 경쟁률이 한결 낮아졌다.

참가팀 확대로 경기 방식에도 부분 수정이 가해졌다. 4개 팀씩 4개조로 치르던 1라운드는 4개 팀씩 6개조로 편성됐고 각조 1, 2위 8개 팀이 4개 팀씩 2개조로 나뉘어 벌이던 2라운드는 각 3개 팀씩 4개조로 달라졌다. 결선 토너먼트 방식도 변경됐다. 각 그룹 수위 4개 팀이 준결승 토너먼트를 치르는 형식으로 바뀐 것이다. 1978월드컵에서는 각 그룹 1위가 결승에 직행하고 각 그룹 2위는 3·4위 결정전을 치렀다.

한편 스페인이 대회 개최국으로 확정된 것은 1982월드컵 개막 16년 전인 1966년 7월 영국 런던에서 열린 FIFA총회 의결에 기인했다. 보통의 경우보다 '심하다 싶을 만큼' 이른 시점에 개최권을 따낸 스페인은 성공적인 대회 개최로 새로운 도약을 이룬다는 목표 아래 장기적 플랜을 세우고 주도면밀한 준비 과정을 거쳤다. 스페인 정부와 축구협회는 다각적인 연계 정책을 펴며 개최 도시 14곳의 경기장을 대대적으로 손보는 한편 관련 인프라 확충에도 심혈을 기울였다. 덕분에 1982 월드컵은 꽤 성공한 대회로 평가받을 수 있었다.

아주리의 영광

본선 1라운드는 그 어느 대회보다 파란이 잇따랐다. 강호들이 연이어 약체 팀들에 수난을 당하며 체면을 구기는 일이 빈번하게 일어났기 때문이다. 1그룹의 이탈리아는 처음 본선에 출전한 '흑 대륙 불굴의 사자' 카메룬을 쉽사리 누르지 못하고 간신히 1-1로 비겼고, 동유럽 전통 강자 체코슬로바키아도 4그룹에서 만난 아시아의 월드컵 초보 쿠웨이트와 1-1로 비기는 진통을 겪었다.

그래도 서독, 아르헨티나에 비하면 이탈리아, 체코슬로바키아는 나은 편에 속한다. 월드컵 2회 우승팀 서독은 개막전에서 아프리카의 신흥 멤버 알제리에 시종 끌려 다니며 1-2로 분패했고, 아르헨티나는 한 수 아래의 벨기에를 어쩌지 못하고 0-1로 무릎 꿇었다. 특히 서독이 알제리에 패한 일은 일종의 사건으로 받아들여지며 팬들을 꽤나 놀라게 했다. 만일 서독이 경기는 패했어도 내용에서 앞섰더라면 그다지 뒷말이 무성하진 않았을 테지만, 이날 서독은 점수와 내용 모두에서 알제리에 압도당했다. 이를 두고 일각에서는 잉글랜드가 1950월드컵에서 미국에 0-1로 패한 일, 이탈리아가 1966월드컵에서 북한에 0-1로 패한 예와 한데 묶으며 '월드컵 3대 이변'으로 지목하기도 했다. 어쨌든 서독으로서는 이만저만 창피한 일이 아니었다.

본선 1라운드 3그룹 헝가리-엘살바도르전에서는 월드컵 본선 1경기 최다 골차 승리 타이기록이 나왔다. 주인공은 1954 월드컵에서 한국을 9-0으로 누른 헝가리. 엘살바도르를 무려 10-1로 대파한 헝가리는 28년 전 자신들이 세운 9골 차 승리를 또 한 번 재연, 세계 언론의 이목을 집중시켰다.

1982월드컵에는 대회 사상 처음으로 승부차기가 도입돼 화제를 불러 모았다. 역사에 남을 승부차기의 첫 테이프를 끊은 주인공은 서독과 프랑스. 이 대회 4강전에서 격돌한 두 팀은 90분 정규 풀타임 동안 3골씩을 주고받으며 동점을 이뤘고 연장에서 다시 2골씩을 주고받으며 5-5로 120분의 혈투를 마무리, 승부차기로 승패를 가리는 상황까지 갔다. 결과는 서독의 5PK4 승리. 이로써 서독은 월드컵 승부차기에서 승리한 최초의 팀이 됐고, 반대로 프랑스는 월드컵 승부차기에서 '물 먹은' 최초의 팀으로 역사의 한 페이지를 장식했다.

악전고투를 치른 끝에 결승에 진출한 서독은 이탈리아와 우승컵을 다퉜다. 본선 2라운드에서 브라질, 아르헨티나를 차례로 누르고 4강전에서 폴란드마저 제압한 후 결승에 오른 이탈리아는 우승 후보로서 손색이 없는 전력을 보유하고 있었다. 서독의 내공 또한 예사롭지 않아 보기 드문 난타전이 될 것으로 예상됐던 이 대회 결승전은 그러나 의외로 싱겁게 끝났다. 초반 일찌감치 기선을 잡은 이탈리아가 파울로 로시, 마

르코 타르델리, 알레산드로 알토벨리의 연속 골 퍼레이드에
힘입어 3-1로 서독을 완파한 것이다. 종료 10분여를 남겨둘
때까지 0-3으로 끌려가던 서독은 83분 브라이트너가 가까스
로 1골을 추가, 0점패는 면했다. 우승팀 아주리 이탈리아는 이
로써 삼바군단 브라질과 함께 사상 세 번째 월드컵 최고봉을
정복한 팀으로 등록했다.

'무서운 킬러' 로시부터 '예술가' 플라티니까지

1982월드컵을 관통하며 가장 화려하게 반짝인 별은 이탈리
아의 무서운 스트라이커 파울로 로시였다. 로시는 대회 MVP
를 의미하는 '골든볼'과 득점왕을 뜻하는 '골든슈'를 독차지했
다. 본선 1라운드 내내 침묵하다 2라운드 브라질을 상대로 해
트트릭을 작성하며 뒤늦게 득점포를 가동한 로시는 준결승에
서 2골, 결승전에서 1골 등 주요 고비처에서 모두 6골을 터뜨
려 팀의 우승에 크게 공헌했다는 평가를 받았다. 1982월드컵
에서 생애 최고의 활약상을 보인 로시는 그해 '유럽 올해의
선수'에 뽑히는 영광까지 안았다. 1982월드컵 이후 이탈리아
명문 유벤투스에서 전성기를 보내다 1987년 베로나에서 선수
생활을 마감한 로시는 2004년 축구황제 펠레가 선정한 '축구
역사상 가장 위대한 125명'에 뽑히는 영예를 누리기도 했다.
이 대회에서 5골을 터뜨린 전차군단의 히어로 칼 하인츠-
루메니게도 언급하지 않을 수 없다. 루메니게는 서독의 전설
적인 킬러이자 위대한 리더였다. 루메니게가 특히 높이 평가

된 이유는 비단 골을 많이 넣어서만은 아니다. 오히려 위기 때마다, 또는 응집이 필요한 타이밍마다 탁월한 리더십으로 팀원들을 일치단결시켰기 때문이다. 너불어 포워드 라인의 중추 역할도 충실히 수행한 까닭에 세월이 흐른 지금도 커다란 별로 추앙받을 수 있는 것이다. A매치 95경기에서 45골을 터뜨린 루메니게는 월드컵에 3연속(1978, 1982, 1986) 출전하며 모두 9골을 쏘아 올렸다. 클럽 커리어 또한 화려했다. 바이에른 뮌헨 소속으로 분데스리가를 휘저으며 독일프로리그 득점왕 3회(1980, 1981, 1984)를 비롯해 유럽 올해의 선수상 수상 2회(1980, 1981) 등 수려한 자취를 남겼다.

1980년대 세계 축구 최고 스타 중 한 명으로 꼽히는 '필드의 아티스트' 미셸 플라티니도 1982월드컵을 통해 자신의 진면목을 만천하에 알렸다. 만약 플라티니가 없었더라면 프랑스의 4강 진입도 어려웠을 것이라는 게 당세 축구인들의 일관된 견해였으니 그 타고난 능력을 가늠해보는 일이 아주 힘들지는 않다. 하긴 얼마나 뛰어났으면 이름 앞에 '예술가'라는 닉네임이 붙었겠는가. 역사상 가장 위대한 플레이메이커 중 한 명으로 지목되는 플라티니는 경기의 흐름을 반전시킬 수 있는 능력을 가진 선수였다. 우아한 몸놀림으로 게임을 조율하고, 비범한 전술 소화 능력으로 공격의 실마리를 풀어가며 세트 피스 상황에 각종 킥까지 전담한 '스페셜리스트' 플라티니는 그 자신 홀로도 하나의 훌륭한 팀이었다. 한편 플라니티의 등번호 10은 훗날 플레이메이커의 배번으로 정형화됐다.

1986멕시코월드컵

초유의 개최국 변경 사태

1986월드컵 개최국은 본래 멕시코가 아니었다. 그렇다면? 당초 FIFA는 남미의 콜롬비아에 개최권을 줬고, 콜롬비아는 월드컵조직위원회를 구성해 차근차근 대회를 준비하고 있었다. 그런데 개막 3년을 앞두고 콜롬비아가 느닷없이 FIFA에 개최권을 반납하는 일이 벌어졌다. 고질적인 경제난 때문이다.

1980년대 초 남미 전역을 휩쓴 경기침체는 어김없이 콜롬비아 경제에도 심각한 악영향을 미쳤다. 어떻게든 재원을 마련해 월드컵을 개최하려 했던 콜롬비아 정부였지만 상황이 점차 악화, 대회 준비에 차질이 생기자 심사숙고 끝에 1983년 개최권 반납을 전격 결정했다. 전대미문의 사건에 당황한 FIFA 관계자들은 긴급회의를 열고 서둘러 새 개최국을 선정하는 데 몰두했다. 당시 FIFA의 레이더망에 포착된 후보국은 미국, 브라질, 멕시코 등이었으나 국가 재정이 넉넉지 않던 브라질은 가장 먼저 제외됐고, 이어 축구 열기가 바닥을 기는 미국도 걸러졌다. 그리하여 FIFA는 멕시코를 새 개최국으로 정했다.

FIFA가 멕시코를 선택한 까닭은 일단 1968올림픽과 1970월드컵을 무리 없이 소화해 낸 전력에 높은 점수를 주었고, 또한 멕시코의 축구 인프라가 월드컵을 치르기 무난한 수준이었기 때문이다. 이로써 멕시코는 세계 최초로 월드컵을 두 차례 개최한 국가로 축구사에 이름을 새기게 됐다.

그러나 1985년 그 누구도 예상 못한 사건이 터져버렸다. 월드컵 개막을 채 1년도 남겨 두지 않은 9월에 진도 7.6의 대지진이 멕시코를 강타, 2만 명의 사상자와 25만 명의 이재민이 발생하는 끔찍한 천재지변이 일어난 것이다. 그나마 다행스런 것은 월드컵 관련 시설물은 그리 큰 피해를 입지 않았다는 것인데, 그렇더라도 과연 어느 나라가 지진의 위험이 있는 땅에 축구단을 파견하려 하겠는가. 당연히 반대 여론이 일었다. 특히 유럽 강대국들은 '선수 보호'를 외치며 안정성이 보장될 때까지 월드컵을 연기하자는 주장을 강력히 펼쳤다. 그러나 FIFA는 당초 일정대로 밀어붙여 대회를 강행했다. 다행히도 1986월드컵은 이렇다 할 차질 없이 원만히 진행됐다.

32년 만에 본선에 나선 대한민국

1986월드컵에서는 1982월드컵과 비교하면 희한할 만큼 별 이변이 일어나지 않았다. 이름 있는 강호들이 비교적 무난하게 차기 라운드에 진출했고, 객관적인 전력상 약체로 평가된 팀들은 여지없이 쓴 맛을 봤다. 다만 잉글랜드, 폴란드, 포르투갈과 F그룹에 있던 모로코가 조 1위로 16강에 진출한 것이 이변 중 이변이라는 평가를 받았다. 당시까지만 해도 모로코는 단지 아프리카 변방의 한 팀에 불과했을 뿐이기 때문이었다. 대회 출전국 숫자는 변함이 없었지만 경기 방식은 다소 달라졌다. 본선 1라운드를 통과한 12개 팀이 2라운드에서 리그전을 벌이던 1982월드컵과 달리 2라운드 진출 팀을 16개 팀으로 확대, 녹아웃 토너먼트를 실시한 것이다. 사실상 '월드컵 16강'이라는 용어가 등장한 것도 바로 이 때부터다. 이 때문에 1라운드 대결은 다소 느긋해진 반면 16강전은 뜨거운 열전 양상으로 전개됐다. 단판 승부라 전력을 다해야 했기 때문이다.

1954월드컵 이후 32년 만에 다시 본선에 출전한 태극사단은 박경훈, 조광래, 정용환, 이태호, 최순호, 박창선, 차범근, 김주성, 변병주 등 역대 최강의 멤버로 구성됐다는 평가 속에 멕시코 땅을 밟았다. 그러나 무엇보다 대진운이 좋지 않았다. 그리고 상대 전력에 대한 분석 작업도 미비했다. 당시 출전자들의 증언에 따르면 태극전사들은 상대의 정확한 전력치는 고사하고 상대가 어떤 전술을 사용하는지, 또 상대 팀의 어떤 선수가 키플레이어인지도 알지 못한 채 경기에 임했다고 한다. 여기에 설상가상으로 대진운까지 나빴으니 16강 진출을 기대하는 것 자체가 무리였다. 하지만 국내 언론은 금방이라도 한국이 16강에 진출할 것처럼 호들갑을 떨었고, 이에 따라 민심은 들뜰 대로 들떠 있었다. 하지만 현실을 깨닫기까지는 그리 오랜 시간이 걸리지 않았다.

한국은 본선 첫 경기에서 축구신동 마라도나가 이끄는 아르헨티나에 1-3으로 참패했다. 경기 종료 20분 전까지만 해도 한국은 0-3으로 크게 뒤지고 있었는데 72분 박창선의 통렬한 숭거리슈팅이 골로 연결된 게 그나마 위안거리였다. 이날 마라도나는 아르헨티나의 3골을 모두 어시스트하는 활약으로 도움 해트트릭을 작성했다.

1차전 패배의 부담감을 안고 볼리비아전에 나선 한국은 그래도 한층 나아진 경기력을 드러내며 1-1 무승부로 게임을 끝마쳤다. 마지막 3차전 상대는 1982월드컵 우승팀 이탈리아. 비록 2-3으로 패하긴 했지만 한국은 비교적 대등한 경기를 펼쳤고 이로 인해 세계에 '대한민국'의 이름을 확실히 알렸다. 사상 2번째 월드컵에서 1무2패로 24개 팀 중 20위를 마크한 한국은 그러나 월드컵 최초의 골과 최초의 승점을 획득했다.

본선 전체로 시선을 돌리면 이 대회 4강은 아르헨티나, 벨기에, 프랑스, 서독으로 압축됐다. 원조 붉은악마 벨기에가 준결승에 오른 게 주목할 만한 일. 그러나 벨기에는 4강전에서 우승 후보 아르헨티나에 0-2로 패하며 결승에는 오르지 못했다. 대회 결승은 전 대회 준우승팀 서독과 마라도나의 아르헨티나로 좁혀졌다.

마라도나의, 마라도나에 의한, 마라도나를 위한

81분까지 2-2로 뜨거운 시소 싸움을 벌인 두 팀의 결승 매치는 84분 마라도나의 패스를 이어 받은 부루차가의 결승골로 명암이 갈렸다. 아르헨티나의 3-2승. 이로써 아르헨티나는 1978월드컵에 이어 사상 두 번째로 대회 정상을 석권했고 서독은 1982월드컵에 이어 또 다시 준우승에 머무는 불운에 땅을 쳐야 했다.

1986월드컵은 순전히 마라도나를 위한, 또 마라도나에 의한, 그리고 마라도나의 '원맨쇼' 무대였다고 해도 허언이 아니다. 마라도나를 빼놓고 1986월드컵을 논할 수는 없기 때문이다. 대회를 통틀어 5골5도움의 맹활약을 펼친 마라도나는 결국 브라질의 소크라테스, 잉글랜드의 리네커 등 경쟁자들을 여유롭게 제치고 최우수선수로 선정됐다. 당시 아르헨티나가 상당히 짜임새 있는 전력을 갖추고 있었던 것은 분명하나 마라도나가 선보인 필살의 개인기가 빠졌더라면 우승까지는 힘들었을 것이란 게 통상적인 분석이다. 바로 이 점 하나만으로도 마라도나의 팀 공헌도는 능히 짐작 가능하다.

마라도나의 진가를 설명하기에 가장 적절한 경기는 8강 잉글랜드전이다. 51분 선제골과 54분 결승골을 홀로 터뜨린 마라도나는 이 경기를 통해 '신의 손' 논란을 일으킨 동시에 신기에 가까운 '60m 드리블'로 세계 축구팬들을 경악의 강에 빠뜨렸다. 이날 마라도나의 선제골은 변명의 여지없이 손으로 넣은 것인데, 이에 대해 마라도나는 "그때 공에 닿은 것은 내 손이 아니라 신의 손"이라고 말해 크나큰 파장을 불러일으켰다. 만일 이 골로 게임이 끝났다면 마라도나는 '희대의 반칙왕'이라는 오명을 뒤집어썼을지 모르나 그는 '신의 손'으로 골을 넣은 지 불과 3분 만에 월드컵사에 길이 남을 명장면을 연출했다. 자그마치 60m를 유유자적 드리블하며 잉글랜드의 필드 플레이어 5명을 제치고 종국에는 상대 골키퍼마저 따돌린 후 그물을 갈라버린 것이다. 이 골은 세계의 유력 방송사들이 월드컵 시즌마다 레퍼토리마냥 사용하는 추억의 명장면으로도 여전히 유명세를 떨치고 있다.

1990년대 : 아트사커의 지구 정복기

1990 이탈리아월드컵

승부차기가 월드컵을 망친다?

이 대회는 딱히 특색이 도드라지지 않는다. 종전 대회인 1986월드컵에 비해 지역 예선전에 참가한 국가의 숫자가 '121'에서 '112'로 줄어든 게 특색이라면 특색이랄까. 이상하리만치 특징이 뵈지 않는다. 당초 개최국 후보로는 소련과 이탈리아가 유력했는데, FIFA는 소련에 일종의 '괘씸죄'를 물어 이탈리아의 편을 들어줬다. 여기서 괘씸죄란 바로 소련이 1984년 LA올림픽을 보이콧한 일을 의미했다. 이탈리아 입장에선 비교적 쉽게 개최권을 따낸 셈이다.

　월드컵 초보 진출팀은 아일랜드, 아랍에미리트, 코스타리카 등 셋이었다. 주목할 점은 그중 아랍에미리트를 제한 두 팀이 16강에 진출했다는 것이다. 정말 괄목할 만한 성취가 아닐 수 없다. 24강 C그룹에서 브라질, 스웨덴, 스코틀랜드 등 남미 및 유럽 강호와 한 조에 편성된 코스타리카는 2승1패로 브라질에 이어 조 2위를 차지, 16강 티켓을 거머쥐었다. 이에 비하면 아일랜드는 운이 좋았다. 단 1승조차 거두지 못했음에도 불구하고 조 2위로 16강 라운드에 입성했기 때문이다. 잉글랜드, 네덜란드, 이집트와 한 조에 묶인 아일랜드는 이들 세 팀과의 대결에서 모두 비겨 승점 3으로 조 2위를 마크했다. 재미있는 것은 조 3위로 16강 티켓을 획득한 네덜란드 역시 승패 없이 3무를 기록했다는 점이다. 이 그룹(F)에서 승리를 기록한 팀은 이집트를 1-0으로 꺾은 잉글랜드가 유일했을 정도였다.

　이탈리아와 개최권을 놓고 대립한 소련은 B그룹 최하위로 조별 리그에서 탈락, 망신을 당했다. 만약 소련이 개최국이었다면 더없이 굴욕적이었을 법한 결과라 할 수 있다. 한편 차기 대회 개최국인 미국은 A그룹에서 이탈리아, 체코슬로바키아, 오스트리아와 내공을 겨뤘는데, 어이없게 전패를 당해 망신살이 뻗쳤다. 그러나 이를 계기로 미국은 축구에 더 적극적인 투자를 하게 됐으니 어쩌면 전화위복의 긍정적 계기라 할 수 있을 것이다.

　1990월드컵에서는 유난히 승부차기가 많았다. 그러나 이로 인해 경기의 박진감이 떨어졌다는 비판도 낳이시 않았다. 아일랜드와 루마니아의 16강전, 아르헨티나와 유고슬라비아의 8강전을 비롯해 준결승 2경기(이탈리아-아르헨티나, 서독-잉글랜드) 모두 승부차기로 승패를 결정짓는 상황이 빚어져 팬들의 불만과 비평이 자자했다.

반복된 실수의 늪에 빠지다

한국은 1954·1986월드컵에 이어 사상 세 번째로 본선에 진출했다. 또한 지역 예선 1라운드에서 6전 전승, 2라운드에서 3승2무 등 무패행진을 거듭했을 뿐 아니라 지역 예선을 통틀어 30골을 쏘아올리고 단 1실점에 그치는 막강 화력과 철벽 수비를 뽐내 본선에 대한 기대치가 높았다. 그러나 이는 '우물 안의 개구리'와 다름없는 편협한 시각에 불과했다. 왜냐하면 아시아와 세계의 축구 수준은 여전히 그 격차가 컸기 때문이다. 그리고 안타깝게도 한국은 이 점을 또 다시 망각했다.

1986대회에서 역대 최강으로 손꼽히는 엔트리를 구성했음에도 정작 본선에 나가 좋은 성적을 올리지 못한 원인이 정보력 부족에 기인했다는 것을 그 사이 '까먹은' 것이다. 아니나 다를까, 세계의 벽은 높았고 결과는 참담했다. 3전 전패, 1골6실점. 전체 랭킹으로는 본선 출전 24팀 가운데 22위. 한국에 뒤진 팀은 미국과 아랍에미리트였다.

본선 첫 경기에서 벨기에에 0-2로 패한 한국은 스페인과의 2차전에서는 1-3으로 완패했고, 마지막 경기 우루과이전에서는 0-1로 백기를 들었다. '월드컵 1승'과 '16강 진출'이라는 초기의 당찬 목표는 우울한 현실 앞에 소리 소문 없이 종적을 감췄다. 선수로서 1990월드컵을 경험한 김주성 대한축구협회 국제부장에 따르면 당시 한국대표팀은 월드컵 직전 실전 경험이 부족했던 데다 늦게 이탈리아에 도착, 시차 적응에도 실패했다. 일찍 현지에 가면 역효과가 날지 모른다는 일각의 황당한 의견을 축구협회가 받아들인 것도 의아하다.

가장 재미없던 결승전

이탈리아는 이 대회에서 짠물수비의 극치를 선보이며 '카테나치오' 전술을 더욱 강화했다. 본선 출발점부터 잇달아 연승·무실점 행진을 거듭한 이탈리아의 고공비행은 8강 고지까지 막힘이 없었다. 7골을 넣는 동안 단 1골도 허용하지 않았으니 그야말로 '퍼펙트' 행진이었다. 당시 골문을 지킨 철의 수문장 왈테르 젠가는 518분 연속 무실점 방어 기록을 월드컵사에 깊이 새겼다. 이탈리아의 무실점 퍼레이드에 제동을 건 팀은 '탱고군단' 아르헨티나. 두 팀은 4강전에서 맞붙어 연장까지도 1-1로 승부를 가리지 못했다. 결국 승부차기로 결승 진출팀을 가려야했는데, 아르헨티나가 4PK3으로 신승했다.

여기에서 승부차기와 관련한 재미난 기록 하나를 소개한다. 역대 월드컵에서 승부차기 승률 100%를 자랑하는 팀이 둘 있다. 그 주인공은 바로 독일과 아르헨티나. 이 두 팀은 그래서 항상 승부차기가 싫지 않은 모양새. 반면 승부차기라는 말만 들어도 이를 '빠빠' 가는 사람들이 있으니 그들은 바로 이탈리아인. 독일, 아르헨티나와는 반대로 이탈리아는 역대 세 번의 승부차기에서 전패했다.

한편 4강에서 잉글랜드를 꺾은 서독은 1982, 1986년에 이어 3연속 결승에 진출하는 이색 기록을 세웠다. 그러나 만약 또 패했다면 그 또한 진기록이었을 것이다. 상대는 아르헨티나. 양 팀의 싸움은 역대 월드컵 결승전 가운데 가장 재미없던 게임으로 꼽힐 만큼 지루했다. 적극적인 공격은 자제하고 대신 탐색과 방어 위주로 경기에 임한 탓에 팬들 또한 보통 실망한 것이 아니었다. 만약 이날 경기의 승부가 필드 골로 갈렸다면 후세의 평가가 달라졌을지 모르나 하필 PK로 끝나 맥은 더 빠졌다. 결론을 말하면 서독이 85분 안드리스 브레메의 결승 PK골로 이겼다. 서독의 '걸어 잠그기' 전법에 거친 몸싸움으로 대항한 아르헨티나는 경기 중 두 명이 퇴장당하는 수적 불리함 속에서도 막판까지 골을 넣기 위해 분전했으나 끝내 뜻을 이루지 못했다. 이날 경기 결과로 아르헨티나는 월드컵 결승전에서 골을 성공시키지 못한 최초의 팀이 되는 불명예도 함께 짊어졌다.

1990월드컵에서 가장 수려하게 떠오른 스타는 이탈리아 공격수 살바토레 스킬라치. 이탈리아에서도 인지도가 낮았던 스킬라치는 아주리 백업 멤버로 발탁됐으나 조별 예선 오스트리아전에서 교체 투입된 지 2분 만에 결승골을 터뜨려 언론의 집중적인 스포트라이트를 받았다. 이후 전격 선발로 전환한 스킬라치는 체코, 우루과이, 아일랜드, 잉글랜드전에서 연달아 결승골을 터뜨리며 일약 스타로 급부상했다. 간단하게 말하면 스킬라치는 1990월드컵이 배출한 '신데렐라'였던 셈이다. 그야말로 깜짝 스타였다. 그런데 놀라운 것은 '깜짝' 활약치고는 그 농도가 상상을 넘을 정도로 진했다는 점이다. 스킬라치는 6골을 터트려 1990월드컵 득점왕에 오른 데다 최우수선수로도 선정, 생애 가장 아름다운 시절을 구가했다. 그러나 안타깝게도 월드컵 이후 더 이상 뻗어나가지 못하고 별다른 진전 없이 역사의 뒤안길로 사라졌다.

1990월드컵은 '불굴의 사자' 카메룬의 8강 진출을 연상케 하며 아울러 카메룬의 정신적 캡틴 로저 밀러를 떠오르게 한다. 38세의 나이로 1990대회에 출전해 웬만한 20대 스트라이커 이상의 기량을 보이며 4골이나 기록한 밀러는 신화적 존재 그 자체였다. 4년 뒤 미국에서 열린 월드컵에 다시 출전한 '불굴의 전사' 밀러는 역대 월드컵 최연장(42세 39일) 골 기록 보유자이다. 과연 누가 이 어마어마한 기록을 깰 수 있을까.

1994미국월드컵

예상 뒤엎고 흥행 '대박'

이 대회는 별다른 화젯거리 없이 조용하게 진행된 1990월드컵과는 판이하게 달랐다. 말도 많았고 이야깃거리도 풍성했다. 우선 개최국을 축구 불모지 미국으로 결정한 것부터가 파격적이었다. 야구, 농구, 미식축구 등으로 대표되는 미국 스포츠 시장에서 축구는 비인기 종목 중 하나일 뿐이었기 때문이다. 그래서 세계 각국 축구계 인사들은 FIFA가 '범세계적 축구 열기 확산'을 이유로 미국에 개최권을 주려는 움직임을 보이자 "미국에서 월드컵이 개최되면 경기장이 텅텅 비어 흥행 참패를 면치 못할 것"이라며 반발의 목소리를 높였다.

당시 개최권을 놓고 미국과 치열하게 경합을 벌인 나라는 모로코였다. 그러나 모로코는 제반 여건이 썩 좋지 않았다. 솔직히 말하면 심각한 수준이었다. 축구 경기장이 단 두 개에 불과했을 정도였으니 말이다. 물론 일부에서는 모로코에 개최권을 줘 아프리카 축구 전반의 발전을 도모해야 한다는 주장이 강하게 제기되기도 했으나, 결국 FIFA는 애초 의지대로 미국을 1994월드컵 개최국으로 정했다.

그런데 그 결과가 또 파격적이다. 사상 최악의 흥행 실패작이 될 것이라던 통상적인 예상이 보기 좋게 전복됐기 때문이다. 요컨대 1994미국월드컵은 월드컵 역사를 통틀어 가장 흥행한 대회가 됐다. 358만 7,538명. 이는 1994월드컵 기간 경기장을 찾은 관중의 총계이다. 한 경기 평균으로 치면 6만 8,991명. 역대 최고 기록이다. 종전 최고 기록은 1950브라질월드컵으로 경기당 6만 773명이 입장했다. 1994월드컵의 대성공은 스포츠 강대국 미국의 수준 높은 마케팅 노하우와 FIFA의 제도 개선 프로젝트가 효과적으로 어우러져 빚은 결과로 분석된다.

특히 FIFA는 이 대회를 앞두고 월드컵 규정과 경기 방식에 대대적으로 손을 댔다. 원칙은 '공격 축구 지향.' 먼저 FIFA는 교체 선수 인원을 기존 두 명에서 골키퍼 포함 세 명으로 늘렸고, 동료 수비수가 발로 패스한 공을 골키퍼가 손으로 잡을 수 없게 하는 등 적극적인 경기 운영을 방해하는 요소들을 차례로 제거했다. FIFA는 또 이길 경우 2점, 무승부일 경우 1점을 주던 기존 승점 산정 방식에도 수정을 가해 승리할 경우 3점을 부여했다. 이 같은 노력은 무조건 이기는 팀이 유리하다는 인식의 변화를 이끌어내는 원동력이 됐다. 덕분에 1994 월드컵에서는 그 어느 대회에 비할 수 없을 만큼 공격적이고 아기자기한 플레이가 즐비하여 팬들을 즐겁게 만들었다.

경기 외적인 사건도 잇따랐다. 아르헨티나의 '축구신동' 디에고 마라도나는 금지 약물 에페드린을 복용한 사실이 드러나 대회 도중 본국으로 추방당했고, 미국전에서 실수로 자책골을 넣은 콜롬비아의 안드레스 에스코바르는 귀국 후 괴한들의 총격에 살해당해 전 세계 축구팬들을 충격에 빠뜨렸다.

브라질 V4 달성

이제 경기에 포커스를 맞춘다. 세상을 뒤집을 강도의 이변은 없었다. 상대적 약체로 평가된 미국과 사우디아라비아가 전문가들의 보편적인 예상을 깨고 16강에 진출한 게 이변이라면 이변일 뿐 특출한 파란은 일어나지 않았다. 미국은 1승1무1패 조 3위로 간신히, 아주 간신히 16강에 입성했는데 만약 실패했더라면 고조 일로를 달리던 분위기에 찬물을 끼얹었을 것이다.

사우디아라비아는 모로코, 벨기에를 누르고 네덜란드에 이어 조 2위로 16강에 올랐다. 여기서 짚고 갈 것은 사우디아라비아 스트라이커 사에드 오와이란이 당시 벨기에전에서 터뜨린 환상적인 골이다. 오와이란은 이 경기에서 상대 수비수 4명과 골키퍼를 완전히 제치고 벨기에의 그물을 출렁이게 했는데, 이 골은 1994월드컵을 통틀어 가장 '멋진 골'로 뽑혔다.

조별 리그 러시아-카메룬 경기에서는 월드컵 역사에 오래 남을 또 하나의 기록이 탄생했다. 러시아 스트라이커 올레그 살렌코가 무려 5차례나 골 폭죽을 터뜨린 것이다. 월드컵 역사상 본선 한 경기에서 4골을 몰아친 선수는 에우제비오(포르투갈), 퐁텐느(프랑스) 등 여럿이지만, 5골을 넣은 선수는 살렌코가 유일하다. 참고로 역대 월드컵에서 해트트릭을 기록한 선수는 40명이 넘는다.

1994월드컵 최고 명승부는 브라질-네덜란드의 8강 매치 업이라는 게 대세이다. 두 팀의 대결은 실로 흥미진진했다. 공격 축구의 정수를 드러낸 월드컵의 백미이기도 했다. 브라질의 호마리오, 베베토, 네덜란드의 베르캄프, 아론 빈터의 골로 80분까지 균형을 이룬 이날의 격전은 81분 프랑코의 30미터짜리 프리킥 한 방으로 명암이 갈렸다. 브라질의 3-2승.

1990년 7월 17일 9만 4,194명의 관중이 지켜보는 가운데 LA 파사데나 로즈볼 스타디움에서 열린 브라질-이탈리아의 결승전은 세계 축구팬들의 이목을 집중시킨 빅매치 중 빅매치였다. 나란히 월드컵 3회 우승을 자랑하던 둘의 대결은 '최강 공격 축구'와 '최강 수비 축구'의 내공 다툼인 동시에 남미와 유럽의 대륙 간 자존심 싸움이기도 했다. 언론들은 브라질의 창이 이탈리아의 방패를 뚫을지, 아니면 이탈리아의 방패가 브라질의 창을 구부러뜨릴지를 두고 갖가지 추측을 내놓았다.

그러나 명승부가 될 것이라던 전망은 일찌감치 설득력을 잃었다. 막상 뚜껑을 열어본 이날의 대결에서는 거친 몸싸움이 난무할 뿐 재미를 찾기는 어려웠다. 골은 90분이 흘러도, 105분이 흘러도, 120분이 흘러도 끝내 터지지 않았다. 결국 승부차기. 역대 월드컵에서 승부차기로 우승팀을 가리기는 이 경기가 처음이다. 결과는 3PK2로 삼바군단의 승리. 이로써 브라질은 사상 네 번째 월드컵을 석권하며 월드컵 최다 우승국이 됐다.

누가 바조를 욕할 수 있는가

'도하의 기적'을 통해 극적으로 1994월드컵에 진출한 한국은 본선에서 스페인, 볼리비아, 독일과 한 조에 편성됐다. 대진 운은 좋을 게 없었지만, 그래도 희망은 있었다. 24개 팀이 출전해 모두 16개 팀이 결선 라운드에 진출하던 당시 방식에선 그룹3위 6개 중 4개 팀이 16강에 올랐기 때문. 한국은 '반드시 볼리비아를 잡고 스페인과 독일 가운데 한 팀과 비겨 사상 최초의 16강 진입을 노린다'는 전략으로 대회에 임했다. 스페인과의 첫 경기에서 2-2로 비길 때까지는 좋았다. 그러나 두 번째 경기 볼리비아전을 0-0으로 끝낸 게 실수였나. 반드시 이겼어야만 하는 경기를 놓쳤기 때문이다. 마지막 경기 독일전에서 한국은 분전했으나 2-3으로 패하며 결국 16강의 꿈을 또다시 훗날로 미뤄야 했다.

1994월드컵 MVP의 영예는 브라질의 메인 스트라이커 호마리오에게 돌아갔다. 동물적인 위치 선정과 천부적인 골 감각을 앞세워 1990년대 최고 킬러 중 한 명으로 명성을 날린 호마리오는 이 대회에서 7경기에 출장, 5득점하며 조국 브라질의 우승에 크게 공헌했다. 조별 리그 3경기에서 잇달아 골을 터뜨린 호마리오는 특히 스웨덴과의 4강전에서 80분 그림 같은 결승골을 뽑아 해결사로서의 진가를 확실히 알렸다. 같은 해 연말 호마리오는 축구 선수로서 최고의 영예인 'FIFA 올해의 선수상'까지 수상했다.

결승전 승부차기에서 PK를 실축, 명성에 흠을 남기긴 했으나 '아주리' 이탈리아의 로베르토 바조 역시 1994월드컵을 통해 제 실력을 만천하에 드러냈다. 사실 아주리의 결승행에 미친 바조의 영향은 절대적인 것이나 다름없었다. 16강 나이지리아전에서 동점 및 역전골을 뽑은 데 이어 8강 스페인전에서 결승골, 4강 불가리아전에서는 선제골과 결승골을 작렬, 이탈리아의 결승 진출을 홀로 이끈 것이나 진배없었기 때문이다. 따라서 결승 PK실패만으로 바조를 비난하는 것은 기실 너무 가혹한 일이다.

공히 6골로 대회 득점왕에 오른 불가리아의 흐리스토 스토이치코프와 러시아의 올레그 살렌코도 남다른 결정력을 맘껏 드러내며 축구팬들의 큰 관심을 받았다.

FIFA '돈도 벌고 권위도 얻고'

FIFA에 회원으로 등록한 200개국 가운데 170개국이 지역 예선에 참가했다. 사상 최대 규모였다. 경기력 평준화 경향에 힘입어 지역 예선의 열기는 마치 용광로를 방불케 할 만큼 뜨거웠다. 스웨덴, 포르투갈, 러시아, 우루과이 등은 예선 탈락했고 일본, 남아프리카공화국, 크로아티아, 자메이카는 처음으로 본선무대에 진출했다. 1998월드컵은 본선 규모도 사상 최대를 뽐냈다. 일단 역대 가장 많은 32개 팀이 본선에서 경합했다. 종전 24개 팀에서 8개 팀이 늘어났고, 더불어 경기 숫자도 52회에서 64회로 눈에 띄게 증가했다. 이로써 1978월드컵에 16개 팀이 참가했던 대회의 외양은 20년 만에 두 배로 부풀었다.

본선 참가 자격을 엄격하게 제한하던 FIFA가 이처럼 갑자기 대회의 규모를 넓힌 이유는 크게 두 가지로 해석된다. 첫째는 더 많은 국가의 참여를 유도해 월드컵의 권위 상승효과를 끌어내기 위함이며 둘째는, 수익 증대 차원이다. FIFA의 이 같은 의도는 축구 열기 확산과 맞물리며 빛을 봤다. 어느덧 월드컵은 올림픽의 위상을 뛰어넘는 세계 최고의 스포츠 제전으로 자리 잡았으며 FIFA는 TV중계권과 광고로 막대한 수익을 칭출했다.

FIFA는 1998프랑스월드컵을 앞두고 또 한 번 대회 규징에 메스를 댔다. 우선은 엔트리의 변화다. FIFA는 기존 22명으로 정한 각 팀 엔트리에 골키퍼 1명을 추가, 팀당 23명이 월드컵에 출전할 수 있도록 했다. 이에 덧붙여 FIFA는 연장 '골든골' 제도를 도입했다. 점수 차와 상관없이 한 번 연상전에 돌입하면 종료 휘슬이 울릴 때까지 경기가 계속되던 종전과 달리 '골든골'은 어느 팀이든 연장에서 먼저 득점하는 쪽이 남은 시간에 관계없이 승리를 챙기는 룰이다. 공교롭게도 개최국 프랑스는 골든골 제도의 첫 수혜국이 됐다. 프랑스는 파라과이와의 16강전에서 연장 후반 8분 터진 DF 블랑의 결승골에 힘입어 골든골 제도의 덕을 톡톡히 보며 8강에 올랐다. 물론 반대로 파라과이는 골든골 제도의 첫 번째 피해자인 셈이다.

축구판 포클랜드 전쟁

이 대회 최고의 이변은 월드컵 '신예' 크로아티아의 4강 진출 돌풍. 구 유고슬라비아에서 분리 독립해 월드컵에 처음으로 모습을 드러낸 크로아티아는 자메이카, 일본을 누르고 16강에 올라 '발칸의 마라도나' 게오르게 하지가 이끄는 루마니아를 제압한 데 이어 8강전에서는 월드컵 3회 우승에 빛나는 '전차군단' 독일마저 완파했다. 더욱이 놀라운 일은 크로아티아가 독일전에서 신승이 아닌 완승을 거뒀다는 점이다. 결과는 3-0. 재론의 여지가 없는 크로아티아의 대승이었다. 경기 주도권을 쥐고 시종 독일을 몰아붙인 크로아티아는 야르니, 블라오비치, 수케르의 연속골을 앞세워 전차군단을 절벽 밑으로 떠밀었다. 단순한 충격, 그 이상의 결과에 독일 팬들은 물론 세계가 경악했다. 한편 크로아티아와 함께 처음 본선에 나선 일본, 자메이카, 남아프리카공화국은 실력의 한계를 절감, 조별 리그 직후 소리 없이 프랑스를 빠져나갔다.

아르헨티나와 잉글랜드의 16강매치는 대회 최고의 명승부로 꼽힌다. 간략히 설명해 이 경기는 아얄라, 자네티, 바티스투타, 시메오네, 오르테가, 베론(아르헨티나), 시먼, 캠벨, 시어러, 스콜스, 베컴, 아담스(잉글랜드) 등 당세를 대표하는 슈퍼스타들이 총출동하여 펼친 세기의 별 잔치였다. 그래서였을까. 가히 접전이었으며 가히 열전이었다. 모두 6명이 경고를 받고 시메오네를 걸어 찬 잉글랜드의 베컴이 퇴장당하는 등 육박전 및 난타전의 진수를 보인 두 팀은 연장전까지 혈투를 벌였으나 2-2로 승부를 가리지 못했다. 최후에 웃은 팀은 아르헨티나. 승부차기에서 아르헨티나는 잉글랜드를 4PK3으로 꺾고 1982년 포클랜드 전쟁 패배로 인한 깊은 상처를 축구로 되갚았다. 특히 손에 땀을 쥐게 한 이 경기 전반 45분 동안의 혈전은 FIFA에서도 인정하는 명승부 중 명승부로 지목된다.

히딩크 감독에게 당한 치욕의 0 - 5참패

영원한 우승 후보 브라질이 칠레, 덴마크, 네덜란드를 차례로 무너뜨리고 결승에 진출한 것은 전혀 이상할 게 없었다. 그러나 임민 홈이라지만 프랑스가 결승까지 오른 것은 일종의 파란으로 풀이할 수밖에 없었다. 왜냐하면 프랑스는 이전까지 결승 출전 경험이 전무한 데다 1990, 1994월드컵에서는 지역 예선조차 통과하지 못했기 때문이다. 영국의 도박사들은 물론 다수의 축구팬들은 공통적으로 브라질의 압승을 점쳤다. 그러나 행운의 여신은 브라질 편이 아니었다. 부상으로 출전이 불투명했던 호나우두까지 필드를 밟았음에도 브라질은 영 손발이 맞지 않는 듯한 인상을 보인 반면, 프랑스는 무서우리만치 밀도 높은 조직력을 드러냈다.

그리고 기적이 일어났다. 27분 지단의 골. 45분 또 다시 지단의 골. 좀체 헤딩을 시도 않는 지단이 머리로만 두 골을 넣은 것도 참 신기한 일이다. 아무튼 이때까지만 하더라도 브라질 팬들은 희망이 있다고 생각했을 것이다. 그러나 후반 역시 브라질은 부진했다. 90분 프랑스 미드필더 프티의 쐐기골이 터졌을 때 브라질 선수들의 눈은 귀신이라도 본 듯 얼어붙었다. 프랑스가 브라질을 3-0으로 물리칠 줄 정말 누가 알았겠는가. 이래서 축구는 알 수가 없다.

'갈색폭격기' 차범근 감독을 위시로 사상 첫 16강 정벌에 나선 한국은 소득 없이 돌아왔다. 아니, 실은 상처투성이가 돼 복귀했다. 본선 도중 감독이 경질되는 초유의 불상사까지 벌어졌다. 축구협회의 기술위원도 전원 사퇴했다. 네덜란드전 대패가 그 원인이다. 첫 판 멕시코전에서 1-3으로 역전패한 이후 조직 균열의 조짐을 드러낸 한국은 네덜란드와의 두 번째 경기에서 그야말로 '흠씬' 두들겨 맞은 끝에 0-5로 대패했다. 이는 1954월드컵에서 헝가리에 0-9, 터키에 0-7로 패한 이래 가장 큰 점수 차의 패배라 상당한 후유증을 불러왔다. 한

가지 특기할 점은 한국에 잊을 수 없는 치욕을 안긴 네덜란드 사령탑이 바로 거스 히딩크 감독이었다는 것이다. 네덜란드전 직후 차범근 감독의 사임으로 수장 없이 치른 벨기에와의 3차 전에서 1-1로 무승부를 기록한 한국은 이 대회에 출전한 32개 팀 가운데 최종 순위 30위를 마크했다.

1998월드컵 최고 스타는 프랑스의 '중원 마술사' 지네딘 지단. 최고 수순의 드리블링과 상대를 농락하는 예측불허의 패스를 주특기로 하는 이 마술사는 1998월드컵을 온전히 자신의 대회로 꾸몄다. 아울러 지단은 세계적인 스타플레이어로 거듭났을 뿐 아니라 동시대 플레이메이커의 대명사로 굳건히 자리매김했다. 지단은 또 같은 해 'FIFA 올해의 선수'와 '유럽 올해의 선수'로 선정됐다.

비록 우승팀의 지단에 가리긴 했으나 삼바 킬러 호나우두 역시 최상의 기량을 한껏 드러냈다. 특히 밀집된 상대 수비수들 틈에서 끝까지 볼을 살려내는 천부적 테크닉은 믿기지 않을 만큼 놀라웠다.

끝으로 '철인' 로타르 마테우스를 살포시 조명한다. 1982월드컵부터 1998월드컵까지 16년 동안, 그리고 5연속 월드컵에 나온 독일의 전설적 플레이어 마테우스는 본선 최다 출전 기록 보유자이다. 1998년을 끝으로 월드컵과 영영 작별을 고했으니 그가 남긴 25경기 출장(2,052분)의 대기록은 한동안 깨지기 힘든 난공불락의 성으로 존재할 가능성이 다분하다.

2000년대 : 한반도 뒤덮은 붉은 물결을 추억하다

2002한일월드컵

월드컵 개최권을 놓고 벌인 한일전

2002년 한일 월드컵은 유럽과 아메리카 이외 대륙에서 열린 첫 번째 월드컵이라는 데서 먼저 그 의미를 찾을 수 있다. 새천년에 개최된 첫 월드컵이라는 점, 또 최초의 공동 개최라는 점도 주목할 만한 가치를 가진다. 그러나 한국이 월드컵을 유치하기까지는 숱한 우여곡절이 있었던 게 사실이다.

일단 한국은 1993년 월드컵 유치 경쟁에 뛰어들었다. 카타르 도하에서 열린 1994월드컵 아시아 최종 예선 직후 정몽준 대한축구협회장이 기자회견을 열어 2002월드컵 개최의 뜻을 천명한 것이다. 그러나 당시 이 같은 도전은 '계란으로 바위치기'와 크게 다를 바 없었다. 왜냐하면 선두주자 일본은 이미 1989년 월드컵 유치를 공표했기 때문이다. 일본은 이후 월드컵유치위원회를 발족, 가동하고 1993년 1월에는 개최도시 15곳도 서둘러 발표했다. 일본이 이처럼 발 빠른 행보를 드러낸 것은 월드컵 단독 개최를 염원했기 때문. 따라서 시기를 놓친 한국의 유치 노력이 긍정적 결과를 끌어낼 것으로 내다보긴 어려웠다.

하지만 정 회장이 1994년 FIFA 부회장으로 선출된 이후 전세는 서서히 달라지기 시작했다. 여기에 아벨란제 FIFA 회장이 노골적으로 일본 지지 의사를 표하자 유럽 및 남미, 아프리카 출신의 FIFA 집행위원들 사이에 반反아벨란제 기류가 생겨나 상황은 점차 미궁으로 빠져갔다. 이때 한일 축구 관계자들과 양국 정부는 다각도로 보이지 않는 외교전쟁을 치르고 있었다. 답이 보이지 않는 두 나라의 갈등이 격화할 즈음 피터 벨라판 아시아축구연맹 사무총장이 새로운 카드를 제시했으니, 그것이 바로 한일 양국의 공동 개최 제안이었다. 날이 갈수록 이에 대한 FIFA 관계자들의 호응은 커졌고 요한손 유럽 축구연맹 회장까지 공동 개최에 찬성 의사를 나타내자 일본과 FIFA는 결국 현실을 수용하는 쪽으로 선회했다. FIFA는 1996년 취리히 본부에서 열린 집행위원회에서 한국과 일본의 2002 월드컵 공동 개최를 만장일치로 가결했다. 한편 FIFA 집행위원회는 2002월드컵 개막전은 한국에서, 결승전은 일본에서 열기로 하고 2002 한일월드컵의 구체적인 경기 일정을 확정, 발표했다.

이변의 대폭풍

2002월드컵은 '이변의 연속'으로 요약된다. 역대 월드컵 가운데 예상을 무색케 한 이변이 가장 빈번했다고 단언해도 과언이 아니다. 이변의 출발점은 프랑스와 세네갈의 개막전이다. 전 대회 챔피언, 그리고 4년 사이 더욱 강력해진 전력을 구축한 것으로 평가받은 그 프랑스가 질 줄 누가 알았을까. 크로스바를 맞추고 골포스트 맞추기를 몇 차례 되풀이 한 프랑스는 결국 월드컵에 처음 나온 '왕초보' 세네갈에 0-1로 패퇴했다. 이뿐 아니다. 가장 유력한 우승 후보로 꼽힌 프랑스는 조별 리그조차 통과하지 못했다. 더욱 가관인 것은 대회를 통틀어 단 한 골도 넣지 못했다는 점이다. 난다 긴다 하던 전문가들도 프랑스의 몰락을 딱히 제대로 분석하지는 못했다. 운이 없었다는 말만 반복했을 뿐이다.

프랑스와 더불어 유력한 우승 후보로 지목된 아르헨티나 역시 16강 문턱 근처에도 가지 못하고 쓰러졌다. 잉글랜드, 스웨덴, 나이지리아와 함께 이른바 '죽음의 조'에 편성된 아르헨티나는 1승1무1패 조 3위로 대회를 마감했다. 숙적 잉글랜드에 0-1로 패한 게 16강 진출 실패의 주원인이 됐다. 4년 전 아르헨티나전에서 퇴장 당한 잉글랜드의 베컴은 2002월드컵에서 다시 만난 아르헨티나를 상대로 PK결승골을 터뜨려 가슴 속 응어리를 털어냈다. 실로 아이러니한 역사의 장난이다. 조별 리그 마지막 경기 스웨덴전에서 끝내 골을 뽑지 못해 탈락이 확정되자 필드에 주저앉아 통한의 눈물을 흩뿌리던 아르헨티나 선수들의 모습은 '탱고군단'을 사랑하는 세계 각지의 축구팬들까지 '우울 모드'로 빠져들게 했다.

피구, 누노 고메스, 후이 코스타, 쿠투, 파울레타, 콘세이상, 베투 등 '황금 멤버'를 자랑하던 포르투갈의 조기 탈락도 세계를 경악시켰다. 유럽 축구팬들이 특히 경악한 이유는 그 잘 나가던 포르투갈을 비탄의 나락으로 밀어 제친 주인공이 아시아의 무명 한국이었다는 점이다.

사실 2002월드컵 최대 이변은 한국의 4강 진출이다. 1954년부터 1998년까지 44년 동안 모두 다섯 차례 월드컵에 출전하고도 단 1승을 거두지 못한 팀이 단박에 세계 '빅4'의 대열에 올라섰으니 왜 아니 놀라겠는가. 빅뉴스 중 빅뉴스였다.

정리해보면 한국은 조별예선에서 폴란드를 2-0으로 이겼고 미국과는 1-1로 비겼으며 포르투갈을 1-0으로 격파, 16강에 올라 우승 후보 이탈리아마저 2-1로 물리쳤다. 이후 8강 스페인전에서는 승부차기 끝에 '무적함대'를 5PK3으로 물리치고 기적과도 같은 4강 대열에 우뚝 섰다.

기적은 비단 경기장에서만 일어난 게 아니다. 그라운드 밖 길기리에서도 기적이 탄생했다. 세계를 감동시킨 '붉은 물결' 의 거리 응원이 바로 그것이다. 폴란드전 때 49만 8,000명이 거리로 쏟아져 나온 것을 비롯해 미국전 76만 9,000명, 포르투갈전 278만 명, 이탈리아전 420만 명, 스페인전 480만 명, 독일전 650만 명, 터키전 230만 명 등 연인원 2,184만 7,000여 명이 붉은 옷을 입고 거리 응원을 펼치는 전대미문의 황홀한 광경을 연출, 세계에 대한민국의 힘과 혼을 전파했다.

브라질, 독일, 이탈리아, 우루과이, 아르헨티나, 잉글랜드, 프랑스 등 역대 월드컵 챔프가 총출동한 이 대회 결승전에서는 월드컵 3회 우승 경력의 독일과 4회 우승 이력의 브라질이 정면승부를 벌였다. 결과는 '신新축구황제' 호나우두가 '원맨쇼'를 펼친 브라질의 2-0승리. 이로써 브라질 선수들은 가슴에 다섯 번째 별을 붙이는 기쁨을 누렸다.

신 축구황제의 화려한 비상

1998월드컵 결승전에서 온전한 실력을 발휘하지 못해 일부의 손가락질을 받은 호나우두는 2002월드컵을 통해 자신이 왜 새로운 축구황제인지를 분명히 보여주었다. 호나우두는 8골로 득점왕에 올랐고 결승전에서는 화려한 개인기를 앞세워 2골을 몰아치며 세계 최고 수문장인 독일의 올리버 칸을 한껏 조롱했다. 조별 리그부터 결승전까지 모두 7경기에 출전해 8골을 성공시켰으니 경기당 1골을 상회하는 수치. 과연 축구황제다웠다. 특히 터키와의 4강전에서 슈팅 템포를 반 박자 '죽이는' 페이크 모션으로 상대 골키퍼의 타이밍을 완전히 빼앗은 후 작렬한 결승골은 2002월드컵에서 나온 161골 중 가장 수준 높고 지능적인 골로 평가됐다. 1998월드컵에서 4골,

2002월드컵에서 8골을 쏘아 올린 호나우두는 역대 월드컵 개인 통산 최다 골 부문에서 원조 축구황제 펠레와 동률을 이루며 3위에 랭크돼 있다. 1위는 14골의 게르트 뮐러, 2위는 13골의 퐁텐느. 이제 관심은 2006월드컵에서 호나우두가 과연 이 부문 최고 기록을 달성하느냐 여부에 쏠린다. 전문가들은 호나우두의 개인 기량이나 브라질에서 차지하는 전술적 위치로 볼 때 충분히 가능한 일이라고 입을 모은다. '21세기 판 축구황제' 호나우두가 2006년 독일에서 찬란한 전설을 쓸 수 있을지 주의 깊게 두고 볼 일이다.

월드컵의 위대한 전설들

| 펴낸날 | 초판 1쇄 2006년 4월 30일 |
| | 초판 2쇄 2012년 1월 17일 |

지은이	서준형
펴낸이	심만수
펴낸곳	(주)살림출판사
출판등록	1989년 11월 1일 제9-210호

경기도 파주시 문발동 522-1

전화 031)955-1350   팩스 031)955-1355

기획·편집 031)955-1395

http://www.sallimbooks.com

book@sallimbooks.com

ISBN 978-89-522-0500-1 04080

※ 값은 뒤표지에 있습니다.

※ 잘못 만들어진 책은 구입하신 서점에서 바꾸어 드립니다.